一本书读懂儿童情绪管理

改变孩子的坏脾气

中国致公出版社·北京

图书在版编目（CIP）数据

改变孩子的坏脾气 / 弘祥编著. -- 北京：中国致公出版社，2024.10
ISBN 978-7-5145-2251-8

Ⅰ.①改… Ⅱ.①张… Ⅲ.①家庭教育 Ⅳ.①G78

中国国家版本馆 CIP 数据核字（2024）第 070078 号

改变孩子的坏脾气 / 弘祥　编著
GAIBIAN HAIZI DE HUAI PIQI

出　　版	中国致公出版社
	（北京市朝阳区八里庄西里 100 号住邦 2000 大厦 1 号楼西区 21 层）
发　　行	中国致公出版社（010-66121708）
责任编辑	王福振
责任校对	魏志军
封面设计	黄元琴
印　　刷	三河市宏顺兴印刷有限公司
版　　次	2024 年 10 月第 1 版
印　　次	2024 年 10 月第 1 次印刷
开　　本	710mm×1000mm　1/16
印　　张	15
字　　数	191 千字
书　　号	ISBN 978-7-5145-2251-8
定　　价	59.80 元

（版权所有，盗版必究，举报电话：010-82259658）

（如发现印装质量问题，请寄本公司调换，电话：010-82259658）

前言
FOREWORD

　　传授知识、塑造人格、培养道德观念和社交能力是儿童教育的根本目的。其中，培养良好的性格是塑造孩子人格的一个具体表现。

　　千人千性，每个人都有自己的脾气秉性。脾气好的人，心境豁达，处世圆融，容易获得身边人的好感；脾气暴躁的人，情绪难控，自私偏执，很少有人愿意与之交往。身为父母，不管我们自身是哪一类人，我们都希望我们的孩子活泼开朗，脾气温和。因为，好脾气是孩子一生的财富，有了好脾气才会拥有好未来。

　　为了孩子能够拥有美好的人生和未来，每个父母都希望自己的孩子拥有控制情绪的能力。在改变孩子坏脾气的道路上，父母充当了什么角色？又能做出哪些努力？这本《改变孩子的坏脾气》给出了答案。

　　全书分三部分，共十六章，从情绪诊断、心理抚养和正面管教三个方面进行了阐述。

　　在第一部分，主要阐述了孩子坏脾气的表现、孩子坏脾气产生的原因和孩子拥有好脾气的重要性，并对孩子在脾气方面出现的问题进行归类：

　　是无缘无故地大吼大叫还是把我们的话当作耳旁风？
　　是时刻处于焦虑状态还是把父母当成假想敌？
　　是表现焦虑还是略显愚蠢？

　　然后按图索骥，找到自己孩子坏脾气的原因：

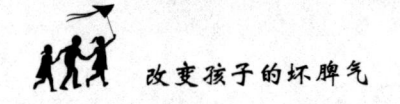

是因为父母的过度溺爱还是为了防止自己受到伤害？
是受影视剧中人物的影响还是健康出了问题？
是效仿父母还是向榜样学习？

找到孩子坏脾气的表现与原因，然后才能对症下药，从根本上找出改掉孩子坏脾气的对策。

在第二部分，需要父母从自身做起，改变以往的教育方式，"学会尊重""给予信任""减少唠叨""默默守护""适度放手""降低期望""静待花开"，做孩子眼中"足够好"的父母。

在第三部分，讲述父母指导孩子做出一些改变，引导和鼓励孩子"塑造人格""内心强大""遵守规则""多交益友""拓展兴趣""不焦虑"，把他变成"足够好"的孩子。

本书内容丰富、科学、务实。首先列举了大量经典案例并进行分析，使读者在阅读过程中有种似曾相识的感觉，仿佛案例中的孩子就是自家"神兽"。理论部分则既有科学的教育思想，又有针对性改变孩子坏脾气的家教理念。语言朴实简明，通俗易懂，适合每一个层次的父母阅读。书中还设有"成长点读"板块，精练地概括了家庭教育在孩子成长道路上的每一个重点。

改掉孩子的坏脾气是儿童教育的重要课程。坏脾气会阻碍孩子获得知识和人际交往的能力，并严重影响孩子一生的发展。父母的责任则是在给孩子树立良好榜样的同时，把孩子的坏脾气扼杀在摇篮里，让每一个孩子从小拥有健全的人格、心智，有能力主动追寻快乐，创造属于他们自己的幸福生活。

目录 CONTENTS

上篇
情绪诊断——你的孩子是否也有坏脾气

> 毋庸置疑，每个孩子都有坏脾气，孩子发脾气是父母最头疼的事情之一，因为孩子的坏脾气就像一颗安放在父母身旁的不定时炸弹，随时可能会爆发。其实，孩子并不会无缘无故产生坏脾气，找出原因，才是改掉孩子坏脾气的根本办法。

第一章
给孩子的坏脾气列个清单

> 每个孩子都有坏脾气，但是，教育专家认为，没有天生坏脾气的孩子，孩子的坏脾气都是后天养成的。身为父母，你真的能分辨孩子的哪些表现是坏脾气吗？你知道孩子为什么会养成这样的坏脾气吗？

所有的孩子都是"熊"孩子 ………………………… 004

对父母的话充耳不闻 ………………………… 005

脾气暴躁大吼大叫 …………………………… 008

时刻处于焦虑状态 …………………………… 009

对他人产生敌对情绪 ………………………… 011

坏脾气不是愚蠢的表现 ……………………… 013

第二章

给孩子的坏脾气找个理由

　　你的孩子是否情绪不稳定、脾气暴躁呢？如果是，你是否想过孩子坏脾气真正的原因是什么？揭秘孩子坏脾气背后的真正原因，对于身为父母的我们更好地理解他们的情绪和行为至关重要。

孩子是父母的复制品 …………………………… 018

也许是你的溺爱惹的祸 ………………………… 019

是不是孩子的健康出了问题？ ………………… 021

别让电子产品害了你的孩子 …………………… 023

他在保护自己免受伤害 ………………………… 025

他的周围都是"坏榜样" ……………………… 027

影响孩子发脾气的因素有很多 ………………… 028

第三章

用好脾气成就孩子的一生

> 孩子拥有好脾气是他们今后拥有好情商的重要基础，脾气好的孩子容易交到朋友，获得赞誉，而坏脾气的孩子则恰好相反。所以，父母都希望自己的孩子性格好、脾气好，并拥有辉煌的人生。

好脾气是拥有好未来的重要因素 …………… 032
好运总是垂青爱笑的人 …………………… 034
孩子尤其喜欢好脾气的朋友 ……………… 035
好脾气是孩子一生的财富 ………………… 037
其实孩子的内心很脆弱 …………………… 039
孩子性格好不代表没脾气 ………………… 041

中篇

心理抚养——父母有效陪伴，孩子情绪稳定

> 作为父母，要理性且客观地看待孩子的坏脾气。当孩子发脾气时，父母可以尝试"放低"姿态，变身孩子的朋友或"死党"，做孩子眼中"足够好"的父母，此时的你便是孩子睿智的"灯塔"。

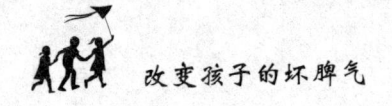

第四章

学会尊重，孩子不是父母的出气筒

孩子虽小，却是一个有思想的独立个体。作为家长，我们不能把孩子看作自己的附属物，而应放下身段，在相互尊重的前提下，与孩子成为可以交心的朋友。否则，即使孩子脾气再好，也会与我们渐行渐远。

尊重孩子的天性，不做"专制型"父母 ………… 046
蹲下身去，做孩子的知心朋友 ………… 048
适度偷偷懒，不做孩子的"监工" ………… 050
放下你的架子，给孩子留足"面子" ………… 052
换位思考，别把孩子当大人 ………… 054
让孩子感到被足够重视 ………… 056

第五章

给予信任，相信孩子比什么都重要

爱的最好证明就是信任，家庭中的信任能营造一种宽松的环境。信任孩子并不是放任孩子发脾气，而是让他们知道：父母会永远站在他们身后，让他们在被尊重的环境中学会自律和勇敢。

欣赏孩子身上的闪光点 ………… 060
对孩子的良好行为进行夸奖 ………… 062

给孩子一次发泄的机会 ………………………… 063
让孩子拥有自己的秘密 ………………………… 065
不要给孩子开"空头支票" ……………………… 067
爱屋及乌,信任孩子的朋友 …………………… 069

第六章

减少唠叨,真诚地倾听孩子的心声

> 孩子也会有不顺心的事,也有感到委屈的时候。所以,他们和成人一样,不但需要被赏识和被理解,还需要倾诉。如果家长能仔细聆听孩子的倾诉,并能正确地进行疏导,孩子便能健康快乐地成长。

做自己孩子的忠实粉丝 ………………………… 072
引导孩子合理释放情绪 ………………………… 073
守护孩子做梦的权利 …………………………… 075
坐下来,多陪孩子聊聊天 ……………………… 077
冷静,学会做一个沉默者 ……………………… 079
允许孩子指出父母的错 ………………………… 081

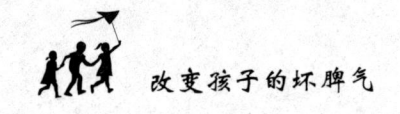

第七章

默默守护，爱是给孩子最好的教育

苏联教育家捷尔任斯基说："谁爱孩子，孩子就爱他，只有爱孩子的人，才能教育孩子。"教育需要爱，也要培养爱。真挚的爱是开启孩子心扉的钥匙，爱，是给孩子最好的教育。

父母的微笑是治愈孩子最好的良药 …………… 084
张开双臂，给孩子一个大大的拥抱 …………… 086
用抚摸找回与孩子的亲密感 ………………… 088
给孩子感知幸福的能力 ……………………… 089
减少离婚对孩子的冲击 ……………………… 091
陪伴是孩子成长最好的礼物 ………………… 093

第八章

适度放手，孩子会给你不一样的惊喜

放手，是一种智慧，是一种升级的教育孩子的策略。当孩子发脾气时，允许他放声大哭；当孩子犯错时，让孩子自己去承担责任；当孩子心情不好时，默默地陪在孩子身边……

多给孩子一些自由的空间 …………………… 098
自己的事情让孩子自己去做 ………………… 099

千万不要替孩子做太多决定 …………… 101
适时让孩子吃一点儿苦头 …………… 103
果断拒绝孩子的不合理要求 …………… 105
积极培养孩子的安全意识 …………… 107

第九章

降低期望，让孩子在自己的命运里起舞

　　随着社会竞争压力越来越大，父母对孩子的期望也越来越高，导致孩子的学习负担越来越重。随之而来的，是孩子的逆反心理越来越强。父母对孩子有期望无可厚非，但过高的期望容易让孩子在成长的过程中迷失方向。

童年可贵，会玩也是一种智慧 …………… 112
正视遗憾，接受孩子的不完美 …………… 114
不要拿自己的孩子和邻居家的比 …………… 116
切忌把自己的理想强加到孩子身上 …………… 118
降低要求，孩子反而更有好胜心 …………… 120
别为难以改变的事实而苦恼 …………… 122

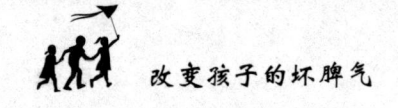

第十章

静待花开，化解孩子的逆反心理

> 逆反心理是孩子内心世界的一种真实再现，并非可怕的"洪水猛兽"，它是孩子自我强化的一种表现。家有逆反期的孩子，家长不能以威严加以压制，而应给孩子足够的时间和空间，让他们在逆反期也能茁壮成长。

提出建议比批评更有效 …………………… 126

预防化解孩子思想中的暴力倾向 …………… 128

宽严有度，矫正孩子任性的习惯 …………… 130

冷静对待亲子之间的小冲突 ………………… 132

循循善诱，解救沉迷手机游戏的孩子 ……… 134

不断增强孩子解决问题的能力 ……………… 136

转移注意力，让执拗的孩子平静下来 ……… 138

下篇

正面管教——父母不打不骂，孩子不吼不叫

> 既然每个孩子都难免会有发脾气的时候，作为父母的我们，此时要做的，不是急着制止和指责孩子，而是把它当作一次教育的契机和助力孩子成长的时机，把他变成"足够好"的孩子，与孩子一起成长。

第十一章

塑造人格，让你的宝贝更有教养

一个人能否成功，不在于其智力水平的高低，而在于其是否具有良好的个性品质。良好的品质需要从小培养并长期坚持。具有优良品质的孩子往往能控制情绪，在不经意间给父母带去惊喜。

让孩子拥有一颗关爱他人的善心 …………… 144
感恩让孩子的生命更充实 ……………………… 146
诚信是孩子一生受用的品质 …………………… 148
戒骄戒躁，培养孩子的谦虚性格 ……………… 150
培养孩子的责任感和担当意识 ………………… 151
豁达也是完美性格的一部分 …………………… 153

第十二章

内心强大，积极提升孩子的心理能量

现在的孩子，在家备受宠溺，脆弱得禁不起一点儿风吹雨打，甚至只言片语便会对他们造成伤害。而内心强大的孩子，充满正能量，很少会有负面情绪。要想改变孩子的坏脾气，不妨从现在做起，培养孩子强大的内心。

拥有自信的孩子最美丽 ………………………… 158
换个角度，困境也是一种赐予 ………………… 160

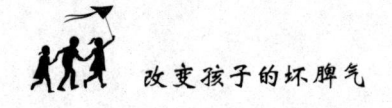

以积极乐观的心态面对生活 …………… 162

加强竞争意识，但不要争强好胜 …………… 164

学会分享，生活可以变得更美 …………… 165

不要刻意回避死亡的话题 …………… 167

第十三章

遵守规则，在孩子心中植下自控基因

　　自控力是孩子成长过程中必不可少的能力，它可以帮助孩子更好地适应社会环境，处理情绪和压力，并且取得更好的成绩。而年纪小的孩子却很容易受到外界各类信息的干扰，不能控制好自己的思想和行为。这时便是需要父母出手的时刻了。

拥有自控力的孩子最出色 …………… 172

立好规则孩子才会守好规则 …………… 174

帮助孩子告别严重的拖延症 …………… 176

让孩子为自己的违规行为埋单 …………… 178

把孩子培养成守时小达人 …………… 179

科学引导孩子的合理消费 …………… 181

第十四章

多交益友，提高孩子的社交能力

在成长的过程中，有些孩子不喜欢交流，甚至是害怕交流，自我封闭，逐渐变成了交际障碍。其实，社交能力是孩子必须掌握的生活技能，好的社交能力不但能帮助孩子建立良好的人际关系，还能提高孩子的自我认知能力，促进孩子身心健康发展。

交往是人不可缺少的"维生素" …………… 186
不要让你的孩子成为一只"孤雁" …………… 188
巧妙处理孩子间的小争执 …………………… 190
孩子被欺负千万不要挺身而出 ……………… 192
让孩子学会与异性交往 ……………………… 194
引导孩子多交益友，远离损友 ……………… 196

第十五章

拓展兴趣，保持孩子对生活的热爱

兴趣的培养对孩子的成长至关重要，通过对孩子兴趣的培养，会发现孩子与生俱来的天赋，帮助孩子建立自信，交到志同道合的朋友。兴趣广泛的孩子能够在发脾气时成功转移注意力，能够在巨大的学习压力中寻找到无穷乐趣。

请保护孩子的表现欲望 ……………………… 200

激发孩子求知的欲望 …………………………… 202

体育，是一门不可或缺的教育 ………………… 204

世界那么大，陪孩子去看看 ……………………… 206

用阅读丈量世界，让成长更有力量 ……………… 208

请走出去，培养孩子的冒险精神 ………………… 210

第十六章
养娃不焦虑，成长比分数更重要

急功近利的父母总是把所有的希望寄托于孩子的每一次考试，每次难得的假期也逼迫孩子在题海里苦战，结果孩子的童年充满了阴影，孩子更是动不动就发脾气。家长们，学习固然重要，但孩子的成长更重要。

引导孩子选择健康的生活方式 ………………… 214

没有什么比心理健康更重要 ……………………… 215

一起来吧，将减负进行到底 ……………………… 217

成绩不是一切，努力才有未来 …………………… 219

标新立异，增强创新能力 ………………………… 221

变厌学、苦学为乐学、善学 ……………………… 223

上 篇

情绪诊断——
你的孩子是否也有坏脾气

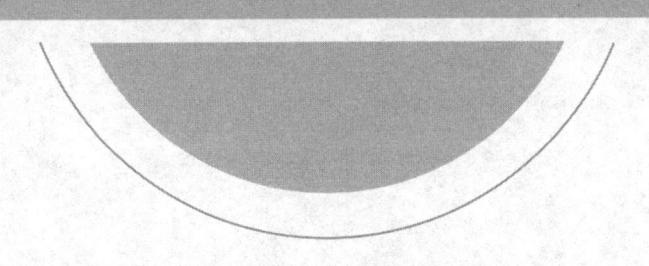

　　毋庸置疑，每个孩子都有坏脾气，孩子发脾气是父母最头疼的事情之一，因为孩子的坏脾气就像一颗安放在父母身旁的不定时炸弹，随时可能会爆炸。其实，孩子并不会无缘无故产生坏脾气，找出原因，才是改掉孩子坏脾气的根本办法。

第一章　给孩子的坏脾气列个清单

每个孩子都有坏脾气，但是，教育专家认为，没有天生坏脾气的孩子，孩子的坏脾气都是后天养成的。身为父母，你真的能分辨孩子的哪些表现是坏脾气吗？你知道孩子为什么会养成这样的坏脾气吗？

所有的孩子都是"熊"孩子

强强的妈妈每天都沉浸在与强强的"斗智斗勇"中。当全家人正安静地吃饭时,强强因为不喜欢吃做的饭菜而大哭大闹;当爸爸妈妈为了他的学习不知如何是好时,强强则把课本和作业本扔到窗外;当爸爸妈妈因工作或家里的琐事忙得焦头烂额时,强强却吵着要爸爸妈妈带他去游乐场玩……强强无时无刻不在乱发脾气。不仅在爸爸妈妈眼里,在周围人的眼里,强强也是一个调皮捣蛋的"熊"孩子。

但在参加了学校组织的一次家长会后,强强的妈妈改变了自己的这种想法。原来,强强妈妈在与班主任和其他孩子的家长交流经验时发现,其他孩子在班里和家里和强强一样:搞破坏、不守规矩、乱发脾气……原来,并非强强是个"熊"孩子,每个孩子都是"熊"孩子。

何为"熊"孩子?对某一概念的理解往往千人千面,但对"熊"孩子这一说法人们似乎有一个较为统一的理解,即形容孩子的调皮。例如,某个孩子年龄小不懂事,因为其做了一些不可理喻的、带有破坏性的事情,于是,大人便可能会感叹一句:"这熊孩子。"有人说,"熊"孩子指的是那些惹人讨厌的孩子,其实并非如此。在成人眼里,无论这个成人是父母、祖父母、叔伯还是不相干的外人,对这个有点儿"熊"的孩子都没有讨厌的意思,相反,颇有喜欢的意味。所以,"熊"孩子往往是对调皮孩子的爱称、昵称。

当然，我们多多少少对"熊"孩子略带批评，因为"熊"孩子不但调皮，还往往乱发脾气，做出一些带有破坏性的事情，有时甚至会令颇有定力的成人抓狂不已。

其实，每一个孩子在出生后都是一张白纸，在这些白纸上孩子会写的只有各种各样的问号。好奇是孩子的天性，他对这个世界上的任何事都表现出好奇。随着孩子的不断成长，尤其在父母的引导下，孩子的这些好奇不断得到解决，一些问号不断消失或是变成句号、感叹号或省略号。但有些问题会始终得不到解决，而越是得不到解决的问题越会激发孩子的好奇心。于是，孩子想通过自己的探索来找到答案，而这一找到答案的过程往往便是孩子调皮捣蛋、乱发脾气的过程。

孩子缺乏一定的判断力，在他们的世界里，没有好脾气和坏脾气之分，他们的世界里除了游戏、伙伴，便是对新鲜事物的不理解和对未知世界的探索，而孩子也正是在这一过程中不断成长。

身为父母，我们千万不要给孩子贴上"优"和"劣"的标签，不要把我们的"熊"孩子进行优劣的划分，因为"熊"不代表"优"也不代表"劣"，它代表的应该是爱。

> **成长点读**
>
> 如果非要把孩子"熊"列为"劣"态的话，那么只能说，孩子"熊"的背后是父母对其"熊"的影响。

对父母的话充耳不闻

莹莹的妈妈看到莹莹放学后一直坐在电视机前看电视，不由得有些生气。

"莹莹，你的作业写完了吗？"

电视机前的莹莹一动不动，没有回答。

"莹莹，去把作业做完了再看电视。"

莹莹还是一动不动地盯着电视。

"莹莹，妈妈和你说过多少次了，看电视时不要离电视机那么近，否则眼睛会近视的。"

莹莹还是没有理会妈妈的话，眼睛一眨不眨地看着电视。

看到女儿对自己的话充耳不闻，妈妈心里很是烦躁。莹莹聪明伶俐、活泼好动，已经是小学四年级的学生了，与爸爸妈妈的沟通却越来越少。有时，直到爸爸妈妈站到她的面前大声和她说话，她才会不情愿地应一声，然后依旧我行我素。

有一次，爸爸对莹莹的无动于衷实在忍无可忍，便大发雷霆。孰料，莹莹不但没有认识到错误，反而朝爸爸大吼大叫，说爸爸破坏了她看电视的好心情。

很多孩子会像莹莹一样，对父母的话左耳朵进右耳朵出，尤其是在他们聚精会神地做自己喜欢的事情时。例如，当他们在看自己喜欢的电视节目时，在忘情地画画时，在和小朋友们一起做游戏时……

很多父母把孩子的不理睬看作孩子在发脾气，却不明白孩子为什么会对自己的话充耳不闻。心理学家认为，孩子对某件事情全情投入、对父母的话充耳不闻是一种选择性注意的表现。选择性注意，是指人们在同时面对多种信息时，会选择其中一部分信息作为加工对象，而把其他信息作为背景。例如，当父母与正在打游戏的孩子说话时，游戏是孩子注意力的加工对象，父母的话则是背景信息，孩子的注意力会集中在玩游戏上而非父母的话上，所以，他才会对父母的话充耳不闻。

其实，孩子如此，成人也是如此。例如，我们在开车时，会时刻注意行驶的速度、与前车的距离及道路旁的指示灯等，而很少去关注路边的风景。所以，作为父母，不要对孩子过多指责，认为他对父母的话充耳不闻是故意不听话，是在耍脾气，这对孩子是不公平的。那么，孩子对哪些事物会选择性注意呢？

很多孩子容易对新鲜的、奇异的事物产生兴趣。对世界充满好奇心和探求欲是孩子的天性，面对新鲜事物，他们会全神贯注，以至于他们认为周围其他一切事情都与他无关。

适合孩子年龄特点的活动如游戏、体育活动、文艺活动等更容易被孩子关注。孩子是天生的游戏专家，在游戏中，孩子可以释放天性。所以，孩子更愿意在游戏中投入更多的精力。

不需要孩子付出太多努力的事物更容易成为孩子关注的对象。比如，对于大多数孩子来说，做作业需要付出努力，而看电视则不需要付出任何努力。所以，孩子更喜欢看电视而不是做作业。

此外，父母说得过多、言行不一、对孩子过度苛责等都会引起孩子的反感，于是他们选择对父母的话充耳不闻。

成长点读

处于逆反期的孩子具有强烈的自我意识，他们不想处处顺从，总想挑战家长的权威，对父母的话充耳不闻便是其中一种无声的反抗形式。

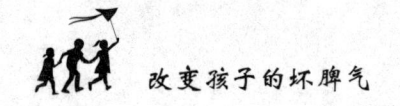

脾气暴躁大吼大叫

"妈妈,你怎么还没做饭,我都快饿死了。"小刚放学回到家,便朝着忙碌的妈妈大声喊道。

"儿子,妈妈把饭早做好了,担心凉了便放到锅里了,你快去吃吧。"妈妈一边做着家务一边对小刚说道。

"奶奶啊,我不是让你把我的校服缝上吗?开了那么大一个口子让我怎么穿到学校去啊?"刚放下书包,小刚便朝着在卧室休息的奶奶又大喊大叫。

"乖孙子啊,晚上奶奶再给你缝不是也来得及吗?奶奶实在是太困了,让奶奶休息一会儿吧。"奶奶有气无力地对小刚说道。

小刚可不管奶奶困不困,他关心的是他的校服有没有被缝好,他拿着校服走进卧室,扔给奶奶让奶奶赶快帮他缝好。

接下来,小刚又对着正在看电视的爷爷吼了起来,原因是爷爷影响了他写作业,爷爷吓得马上关掉了电视。

平时,小刚也是动不动就大吼大叫,在家人眼里,小刚的坏脾气并没有遗传任何人的,却苦于找不到原因。

我们一眼便能看出上例中的小刚是一个坏脾气的孩子。无论是孩子还是成人,遇事大吼大叫是典型的坏脾气。遇到不如意的事情或问题时,脾气好的人会沉着冷静地思考应对的方法,坏脾气的人则会没头没脑地大吼大叫。

但对于成人和孩子,我们应该对这一同样的状况加以分别对待。对于成人，这种坏脾气往往不可原谅，遇事不寻求解决的办法而大吼大叫，控制不住自己的情绪，难道是在指望他人来帮你解决问题吗？而对于孩子，遇事大吼大叫则是再正常不过的现象。

孩子不能像成人一样控制自己的情绪，他们往往有了情绪便马上发泄出来。作为父母的我们，只想从孩子身上看到喜悦和欢乐两种情绪。虽然在成人看来，孩子是无忧无虑的，可他们也有愤怒、哀伤等不良情绪，而面对这些不良情绪，年幼的孩子根本不知道如何去控制、去表达，他们只能选择以大吼大叫这种方式来宣泄他们的这种情绪。很多父母看到孩子大吼大叫发脾气的时候，总是想以暴制暴，于是，孩子在这种教育下便会变本加厉，遇事会叫个不休。

孩子遇事大吼大叫的确能说明他脾气暴躁，但也说明孩子的表达能力弱，他不能很好地表达自己，于是，他才会用肢体语言——吼叫来显示他的不满。遇到这种情况，父母一定要慢慢引导孩子，当孩子情绪平复下来之后再和他进行沟通，找到问题的根源，然后对症下药，帮孩子改掉遇事大吼大叫、发脾气的坏习惯。

成长点读

大吼大叫是孩子控制父母的一种途径，当孩子大声吼叫时，如果父母对其置之不理，孩子得不到想要的结果，便会换一种更温和的方法来达到目的。

时刻处于焦虑状态

一天，晶晶的妈妈见晶晶坐在书桌旁发呆，便走上前去，轻轻抚摸着女儿的头说："孩子，怎么了？学习上遇到问题了吗？可以和妈妈说说吗？"

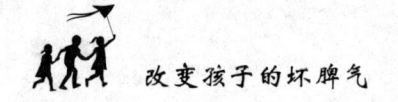

晶晶抬起头，妈妈发现她紧皱着眉头，眼里几乎要溢出了泪水。

面对妈妈的关心，晶晶欲言又止，但她还是向妈妈诉说了她的烦恼。

"妈妈，你不用担心，我的各科成绩在我们班都是名列前茅，但我和第二名的张文娟只有几分的差距，我担心下次考试的时候她会超过我。

"还有，这些日子，我感觉我最好的朋友赵菲总是有意疏远我，我发现她现在更喜欢与张文娟在一起。没有朋友的日子让我怎么过啊？

"我邻桌的吴志这几天生病了，他总是咳嗽个不停，我是离他最近的人，万一他把病毒传给我那该怎么办啊……"

晶晶叹了口气："在学习和生活中我有很多担心的事情，妈妈，我该怎么办呢？"

看到晶晶如此焦虑不安，妈妈也不知该如何是好。

上例中晶晶所处的状态属于典型的焦虑。焦虑是指人们对于还未发生的事情感到担心而产生烦恼。焦虑是一种情绪状态，每个人都会有焦虑的时候，年幼的孩子也不例外，比如上例中的晶晶。她所担心的事并没有发生，她却为此而烦恼，好在晶晶的烦恼并没有使她产生坏情绪，她也没有对周围的人发脾气。很多时候，处于焦虑状态中的孩子总是无缘无故地发脾气，这样的孩子更应该引起父母的注意。

孩子的焦虑与成人的焦虑最大的区别是孩子因不善表达而表达不清楚，于是，孩子便会通过一定的行为如哭闹、对父母过度依恋、紧张、易怒、发呆等来表达自己的焦虑。如果孩子的焦虑不是经常出现，且没有对孩子的日常生活和学习造成影响，父母大可不必担心。而一旦焦虑影响到孩子的学习和生活，例如改变了长期如一的生活习惯、饮食习惯、睡眠习惯等，父母便要加以重视。例如，考试时孩子紧张到手发抖，考试之前失眠，担心自己考不好，进而影响到考试的成绩。对孩子的这些问题如果不进行引导或引导不好，焦虑便不再是情绪状态，而是心理问题了。

父母一定要深入了解孩子焦虑的原因，孩子是因为某一件事情没有做好而焦虑，还是因为做了之后结果不好而焦虑？如果找不到根源，引导不当，孩子最初的不好的情绪——焦虑——便会扩散到其他事情，如果再出现某一类似的事情，孩子便会不由自主地感到焦虑和害怕。一旦孩子长期处于焦虑状态中，便会控制不住自己的情绪而乱发脾气。

> **成长点读**
>
> 当家长对孩子提出过多的要求和期待，尤其是超出了孩子年纪所能承受的范围时，孩子害怕满足不了父母的期待，便会表现出紧张和不安的焦虑。

对他人产生敌对情绪

小明今年13岁了，上小学六年级。在外人看来，小明是个有礼貌的好孩子，每次见到长辈，他总是主动打招呼，并嘘寒问暖。按理说，这样的孩子很讨人喜欢，在学校里应该也会有很多朋友。但事实上，小明几乎一个朋友没有。

因为小明比较内向，在一些事情上他总是比较敏感。

一天，小明妈妈接到小明班主任打来的电话，让她去学校一趟。因为不知道小明在学校发生了什么事，妈妈一路上忐忑不安。来到学校的办公室，小明和班主任早已等候在那里。

妈妈忙向班主任询问到底发生了什么事，班主任对她说："是这样的，小明与班里的同学发生了矛盾，其实也算不上矛盾，两个人只是因为解一道数学题而产生了分歧，双方都说自己解题的方法是最正确的，结果越吵越凶，最后二人竟打了起来。"

"就是李杰不对，我没有错。"小明打断了班主任的话。妈妈和班主任都惊讶地看着瞪圆了眼睛的小明。

其实，无论是在学校还是在家里，小明只要受到一丁点儿委屈，即使是错误的一方，他也会非常气愤；即使在非常拥挤的公交车上，当他被人推、撞或踩到时，不管对方是故意的还是无意的，他都认为对方是有意针对他，于是对对方怒目而视。

上例中的小明虽然对长辈很有礼貌，却没有朋友，这与他平时对周围的人充满敌意有很大关系。其实，现实中的很多孩子都和小明一样——受了一点儿委屈便会生气，甚至会与人发生一些肢体上的冲突。这样的孩子内心充满了对立情绪，好像对身边的一切都怀有敌意，动不动就发火，有时甚至和自己的父母也针锋相对。

教育专家研究发现，对他人有敌对情绪的孩子的性格往往是消极的、冷漠的，甚至是孤僻的。如果这种情绪长期得不到化解，孩子往往会自暴自弃，把叛逆行为演变成叛逆性格，最终可能会成为问题儿童。所以，一旦孩子出现敌对情绪，身为父母的我们便应该找找问题的根源：孩子因为什么变得如此易怒？因为什么对周围的同学怒目而视？

家长过度溺爱的孩子更容易与周围的人产生敌对情绪。例如，很多家长平时对孩子的事总是大包大揽，不舍得让孩子做一些力所能及的事情。时间长了，这样的孩子便会变得不独立，遇到困难会变得气馁、沮丧，进而对周围的人产生怨恨和敌对情绪。父母对孩子干涉过多也会使孩子产生逆反心理。在家庭生活中，如果家长对孩子要求过高、过于苛刻，孩子也会对周围的人尤其是父母产生敌意，凡事与父母对着干。

> **成长点读**
>
> 孩子对周围的人习惯性产生敌对情绪，除了孩子自身的因素，如到了叛逆期外，还与父母平时的教导方式有很大关系。

坏脾气不是愚蠢的表现

"妈妈，我不想去上学了。"刚一进家门，阿莲便扑进给她开门的妈妈的怀里，梨花带雨地哭个不停。

看女儿哭得如此委屈，妈妈知道女儿一定是遇到伤心的事了。阿莲是一个特别懂事的小姑娘，平时总是喜欢帮助妈妈干些力所能及的家务活。因学习成绩优异，喜欢热心帮助同学，阿莲在学校也很讨老师和同学的喜欢。但阿莲有一个致命的缺点，就是控制不住自己的情绪，动不动就发脾气。

等阿莲的哭声小了，妈妈才小心翼翼地问女儿："能告诉妈妈发生了什么事吗？"

阿莲用手擦了擦眼泪，便一五一十地向妈妈道出了原委。

原来，今天阿莲是值日生。放学后，阿莲便和同组的同学一起打扫起卫生来，阿莲负责的是本班教室外的区域。由于阿莲平日里劳动惯了，不大一会儿便把自己负责的区域打扫得干干净净。但因为刚干完活儿有些累，便倚着墙休息了一会儿。这时，正巧赶来的劳动委员看到阿莲正在休息，便高声喊道："阿莲，你没看到大家都在劳动吗？你这个值日生是怎么当的，同学们忙忙碌碌的你也不去帮忙，真是太懒了。"

阿莲正累得上气不接下气，听到劳动委员这么说，气自然不打一处来，便朝着劳动委员高声嚷道:"你哪只眼睛看到我没劳动了?你知道我干了多少活儿吗?我看你才眼瞎了。"

阿莲的话让劳动委员更加不满:"我眼睛看到的就是别人在劳动,你不帮忙你还有理了?真是过分。"

阿莲因劳动委员的话感到生气也并非没有理由,但仅仅因为被批评而发脾气也不是理由。在现实生活中,如果身边有一位坏脾气的人,我们通常会觉得这个人非常讨厌而不愿意与他交往。其实,如果我们和这些人接触久了会发现,这些人中的很多人并不是我们想象中的那样,我们不能说这些坏脾气的人是愚蠢的人,更不能把这些人划分到"坏"人的行列。

坏脾气的本质是错误的认知所导致的一系列不良情绪和不良行为的反应。坏脾气的人不一定是愚蠢的人,更不一定是坏人。例如,每一位父母都希望自己的孩子懂事听话、学习好,一旦发现自己的孩子贪玩、不好好学习,父母便会大发雷霆,甚至大打出手,并给自己找一个冠冕堂皇的理由:"我发脾气或是打你是因为我爱你。"父母们控制不住情绪,难道他们愚蠢吗?难道他们是坏人吗?都不是,父母只不过是在以"爱"的名义乱发脾气。成人尚且如此,孩子更是如此。

而且,坏人也不一定是坏脾气的,坏人的表现有很多种,欺辱、压榨、霸凌等,而坏人在欺骗好人的时候往往是和颜悦色的。

所以,上例中的妈妈完全可以心平气和地对女儿说:"孩子,坏脾气并不是愚蠢的表现,你无须介意他人的话,但你的坏脾气还是需要改正的。"

成长点读

有时候孩子发脾气是因为他不能被理解，或者他无法达到家长的要求，这时，父母不妨试着去理解孩子或降低对孩子的要求。

第二章　给孩子的坏脾气找个理由

你的孩子是否情绪不稳定、脾气暴躁呢？如果是，你是否想过孩子坏脾气真正的原因是什么？揭秘孩子坏脾气背后的真正原因，对于身为父母的我们更好地理解他们的情绪和行为至关重要。

孩子是父母的复制品

天天和小宇是一对好朋友，两人的父母关系处得也不错，两个孩子得到的教育却不尽相同。

比如，天天和小宇都喜欢玩玩具，都吵着让父母给自己买玩具。这时，天天的父母会对天天说："儿子，你可以把零花钱省下来买玩具，这样做是不是更有满足感，你也会更加爱惜自己的玩具？"

而小宇的父母则会立刻答应小宇的要求："好好好，妈妈这就带你去买，只要你喜欢，爸爸妈妈什么都给你买。"

天天的爸爸妈妈总是这样教育天天："如果遇到有困难的人，你一定要伸出援助之手，助人是快乐之本。""做人一定要脚踏实地，做事一定要自己付出努力。""对我们来说，金钱不是最重要的，最重要的是实现自己的人生价值，做一个对社会有用的人。"

小宇的爸爸妈妈则是这样教育小宇的："千万不能轻易帮助别人，现在骗子太多。""做事最好能走捷径，自己努力太辛苦了。""人活在这个世界上的价值就是多赚钱。无商不奸，心不黑赚不了钱。"

天天从小在爸爸妈妈的熏陶下长大，耳濡目染，自然学到了爸爸妈妈的良好教养。所以，当一群孩子在一起玩的时候，天天永远是被赞扬得最多的那一个，而小宇则受到孩子们的排挤。

第二章
给孩子的坏脾气找个理由

托尔斯泰曾说:"全部教育,或者说千分之九百九十九的教育都归结到榜样上,归结到父母自己生活的端正和完善上。"孩子是父母的复制品,有什么样的父母,就有什么样的孩子。

现在的父母非常重视对孩子的教育,有些甚至不惜花费重金去专门的教育机构学习家庭教育的方法,然后用赞美、奖赏等方式去鼓励自己的孩子。这样的教育方法固然可行,可父母们却忽略了自己对孩子的影响。很多父母在孩子发脾气时总是习惯从孩子身上找原因,然后暴跳如雷地对孩子发一通脾气。这样的父母不正和孩子犯了同样的错误吗?孩子具有很强的模仿天赋,因为和父母在一起的时间最长,所以,他们最先模仿的对象自然是自己的父母。父母与人相处的方式、对待周围事物的态度,甚至兴趣爱好、习惯、动作等都成了孩子模仿的对象。而且,孩子分辨能力差,他们在模仿父母的过程中一般是照单全收而不是有选择性地模仿。所以,父母的坏情绪、坏脾气也会影响到孩子,孩子便变成了父母的复制品。

孩子的不良情绪是导致其产生不良心理问题的基础,作为父母,应该先从自身找原因,关心孩子的心理健康,尽量避免在孩子面前发生冲突,而且,教育方式和态度要科学、民主,符合孩子的个性发展。

> **成长点读**
>
> 作为孩子的启蒙老师,父母的情绪和行为往往在潜移默化中影响着孩子。所以,父母们一定要谨言慎行,毋让自己的坏脾气复制到孩子身上。

也许是你的溺爱惹的祸

泽泽是老李家的三代单传,所以不管是爷爷奶奶,还是爸爸妈妈,都对泽泽有求必应。一家人围着泽泽一个孩子转，大家都恨不得把世界上最好的东西都摆到泽泽面前让他挑，对泽泽的宠爱程度真是应了那句俗语："捧着怕掉了，含着怕化了。"如果家里有好吃的，大家会让泽泽第一个吃，泽泽吃剩下的才轮到爸爸、妈妈、爷爷、奶奶吃。如果泽泽看到喜欢的东西，无论多贵，爸爸妈妈也会给他买。如果泽泽犯了错，爸爸妈妈从来不加以责备，更别提惩罚了。泽泽在这个家里过的是饭来张口、衣来伸手的日子，家务活儿泽泽从来没有做过，泽泽妈妈常对别人说的一句话是："我们泽泽的脑子是用来读书学习的，这些鸡毛蒜皮的小事由我们来做就可以了。"

在家人的这种行为模式下，泽泽养成了娇纵的脾气，稍微受到一点儿委屈就难以忍受，家人稍微对他大声说话，他便会大哭大闹甚至离家出走。所以，家人越发地不敢在泽泽面前发脾气，泽泽在家则俨然成了"小祖宗""小皇帝"。后来，爸爸妈妈有时实在看不过去说他两句，他居然动手打起了爸爸妈妈。

很多家长苦恼自己的孩子脾气大，也用心地从孩子的各个方面寻找原因，殊不知，孩子的坏脾气也许正是父母的溺爱惹的祸。

现在的很多孩子是独生子女，父母生怕孩子体会不到父母的爱，待孩子如珠如宝，不让孩子受到一丁点儿委屈。就像上例中的泽泽，父母对其溺爱到了极点，完全忽视了对孩子的规范性要求，使泽泽养成了以自我为中心的坏习惯，泽泽父母的做法是极其不可取的。

每个孩子都是父母的心头肉，爱孩子没有错，但是过分溺爱，只会助长孩子为所欲为的恶习。孩子在哭闹的时候，父母为了尽快哄好孩子，平息孩子的怒火，选择随意听从而不坚持自己的原则和底线，一味地满足孩子提出的各种不合理的要求，导致孩子以为自己随便发发脾气便能让父母屈服，下次便会故技重施，以愤怒、发脾气作为武器要挟父母，这样自然会助长孩子的坏脾气，也会使孩子在生活中缺乏锻炼和克服困难的能力。长此以往，孩子便会养成以我为中心、自私自利、任性等不良习性。

当今，生活压力致使很多父母选择外出打工，于是，孩子便成了"留守儿童"，由爷爷奶奶或姥姥姥爷抚养，这种隔代抚养弊端更大，如溺爱、过度照顾或过度担心等。孩子的教育是一个长期的过程，溺爱的教育方式不利于孩子的成长，使孩子易形成暴怒、孤僻等性格，父母一定要记住，溺爱孩子其实是在害孩子。

> **成长点读**
>
> 溺爱是一种具有毁灭性的教育方式，分为包办型溺爱和放纵型溺爱。包办型溺爱剥夺了孩子的自我意志，把孩子养成父母的复制品；放纵型溺爱则是在把孩子养成自己的敌人。

是不是孩子的健康出了问题？

小爱是一个可爱的三年级的小女孩。在家里，小爱不但自己的事情自己做，还经常帮助爸爸妈妈做家务，是父母贴心的小棉袄；在学校，小爱学习成绩优异，与同学关系融洽，是老师得力的小助手。但最近，不知为什么，小爱总是莫名地发脾气，不管父母和老师怎么引导她，她就是控制不住自己的情绪。

这一天，小爱回到家里，像平常一样安静地坐在书桌前写作业。写着写着，小爱便开始大哭起来，她一边哭一边把书桌上的书和作业本扔到了地上，妈妈赶紧跑过来问发生了什么事。

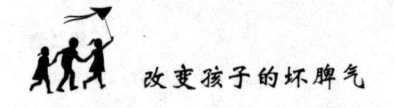

小爱一边哭一边对妈妈说:"妈妈,我明天不想去上学了,你帮我向老师请假吧。"

无论妈妈怎么劝说怎么追问原因,小爱就是哭个不停,也说不出不想去上学的原因。看女儿哭得上气不接下气,妈妈实在没有办法,便带小爱去了附近的一家医院,想看看小爱是不是身体上出现了问题。

经过一系列的检查,小爱妈妈才得知,原来小爱前些日子不小心摔了一跤致使脑部神经出现了问题。

上例中小爱出现乱发脾气的情况,无论妈妈怎样安慰、引导都起不到多大作用,原因是小爱脑部神经出现了问题,使她不能控制自己的情绪。幸好妈妈及时把小爱带到了医院,否则后果不堪设想。

试想,孩子身体出现了问题,如果是可以看见的外伤,孩子除了哭闹可以向父母描述身体出现的状况;如果是看不见的内伤或是心理上的疾病,孩子除了哭闹、乱发脾气似乎真的别无他法。所以,当孩子突然间哭闹不止或是经常出现脾气暴躁的现象,父母便要引起高度重视,很可能是孩子的身体健康出现了问题。

孩子年龄小,如果身体不舒服他们一般不会像成人一样表达清楚,于是便表现出莫名的烦躁,控制不住情绪、乱发脾气等。饮食不合理、过度劳累或精神压力大等也会使孩子陷于长期的情绪失控中。

医学专家研究发现,人体出现的很多疾病可能会引起情绪问题,例如,英国伯明翰大学附属医院内分泌专家尼尔·吉托斯博士发现,甲状腺素分泌过量会影响人体心率、体温,以及大脑等身体组织,使人容易脾气暴躁。抑郁症、肝功能失常、某些药物中毒等也是导致孩子情绪低落、悲伤、生气、焦虑和急躁的原因。

青春期的孩子因为身体和心理上的特殊性，有了强烈的独立意识，他们在生活上不愿再受父母过多的干预和照顾，否则便会产生厌烦的情绪。经研究发现，11岁左右的青少年处于大脑前额叶皮层（前额骨后）发育的阶段，这一发育的过程伴随着整个青春期，大量的神经连接处于不稳定状态，而大脑前额叶皮层对感情、道德等情绪有一定影响，导致青少年有感情判断失常、脾气暴躁等表现。所以，家里有青春期孩子的父母，一定要对孩子更加关注。

> **成长点读**
>
> 在孩子的成长过程中，父母对孩子要少一些溺爱，多一些陪伴；少一些盲目，多一层理智，这样才可以保证孩子的身心健康。

别让电子产品害了你的孩子

非非是个聪明的孩子，从上幼儿园开始，他便每学期都是学校的三好学生，各种奖状也是拿到手软。但正是这样一个孩子，初中二年级时，成绩突然一落千丈，这可急坏了非非的爸爸妈妈。

妈妈向非非询问了他在学校的学习情况，非非的回答吞吞吐吐，妈妈只好向老师询问。老师是这样对非非的妈妈说的："从外表来看，非非好像与之前没有什么不同，他总是准时出现在教室里，准时上交作业，只是作业的质量不尽如人意。而且，老师们都反映，非非课上不再积极地回答问题。如果老师问到他问题，他不再像之前那样对答如流，但上课时除了精神有点儿恍惚外，他的眼睛一直在盯着黑板，不过，"老师略加停顿，"他最近放学后总是第一个冲出教室，以前的他则会在教室学习半小时。"

和老师沟通后，妈妈便时刻注意着非非的动向。一天，妈妈在非非毫不知情的情况下早早地来到学校附近，尾随着放学后的非非。非非高兴地一路小跑，东拐西拐进了一家网吧，和网管熟络地打了招呼便一屁股坐在一台电脑前打起了游戏。

妈妈这才恍然大悟，原来这些日子非非放学后一直在网吧玩游戏，而不是像他说的在学校上晚自习。

在现实生活中，很多像非非一样的孩子迷恋上电子游戏，只要一有时间便坐在电脑前或捧着手机打游戏或网上聊天。孩子沉迷网络的这一行为早已引起了家长们的注意，只是很多家长苦于不知该如何杜绝孩子的这种行为。

专家说，网络是把"双刃剑"。的确如此，在繁重的学习压力下，如果能适当地打一场网络游戏，不但能放松身心，还可能为自己找到志同道合的伙伴；学习中遇到不懂不会的难题，可以打开电脑或手机搜索关键词，难题便会迎刃而解……但是，孩子毕竟年幼，缺乏成人的分辨力、判断力和自控力，稍有不慎便可能误入歧途。而且，很多成人的分辨力、判断力和自控力也差强人意。连身为父母的我们都控制不住坐在电脑前或拿着手机，每天徜徉在网络的海洋中不能自拔，何况是年幼的孩子呢？

很多孩子在打电子游戏时不管输赢都会大发脾气：输了生气地骂爹骂娘，赢了高兴地骂爹骂娘。而且，现在的游戏很多是搏击游戏，有些孩子会模仿游戏中的角色与现实中的朋友演练甚至是与他们搏击。这种情况更应引起所有父母的注意。

也有一些家长视网络如魔鬼，家里不用电脑，自己宁可使用老年机。但是，这个时代是互联互通的，离开了互联网，无论是孩子的生活还是学习都将会受到影响，尤其是最近几年，我们的生活、工作更是离不开网络。

所以，家长们一定要指导孩子利用好网络这把"双刃剑"。

> **成长点读**
>
> 父母需要做的不是严禁孩子接触网络，而是要引导孩子提高自身的自控能力，让孩子有能力约束自己的不良行为。

他在保护自己免受伤害

一天，平平的老师打电话给平平妈妈，告诉她平平在学校的表现并对此表示了担忧。据老师反映，平平近期在学校总是与其他同学刻意保持距离。一旦有同学想靠近他，他便慌忙跑开；如果某位同学不小心与他有了接触，即使对方向平平道歉，平平也会怒目而视，好像自己受到了很大的伤害。甚至对老师，平平有时也是充满敌意的。

听了老师的陈述，妈妈很是烦恼。平平以前是一个活泼开朗的孩子，尤其喜欢和同学们一起玩，他怎么会变成这样呢？妈妈决定找平平好好谈一谈。

起初，对于妈妈的追问，平平只是低头不语，但在妈妈的开导下，他逐渐向妈妈敞开了心扉。

原来，在一两个月之前，平平在放学的路上遇到了几个高年级的同学，由于对方主动上来搭讪，平平便礼貌地进行了回复。谁知，几句话下来，不知为什么对方竟对平平破口大骂，其中的一位高个子同学甚至拉扯着平平动起手来。从此之后，平平便变得沉默寡言，尤其不爱与高年级的同学说话，哪怕有的同学和他开玩笑，他也会立即警觉起来，有时还会因此与同学产生冲突。

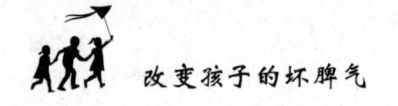

很显然，平平对周围人的敌意是出于自我保护，以使自己不再受到伤害。我们会发现，在日常生活中，很多孩子为了保护自己刻意与人保持距离。例如，当孩子的父母离异后再婚，孩子往往会表现出脾气暴躁，就像一只刺猬不让人靠近。其实，孩子表现出这样的坏脾气大多是为了保护自己。

大多数父母对孩子的坏脾气非打即骂，认为可以打掉孩子的坏脾气。或是尽其所能去哄孩子，让他稳定下来，而不是去探究孩子发脾气的原因。孩子与父母本身就有一定的隔阂，当受到父母的责备或批评，他们本能地会以发脾气的方式来表达自己的不满。他们这样做的目的显而易见：想让父母来哄自己，或使自己免受父母的责备。在家庭以外的学校或其他场合，如果孩子表现出强悍不好惹，往往会比相对懦弱的人少受到伤害。

当孩子表现异常时，父母一定要拿出耐心，观察孩子是否曾经受到伤害，或者是正在受到伤害，又或者是他喜欢的某个人或物品正处于不利的境地。例如，有的孩子，当他喜欢的某本书遭到破坏或他喜欢的小动物受到伤害时他便会大发脾气，以此来表达自己的不满或是制止对方的侵犯行为。

无论孩子是否想保护自己还是想保护其他人或物，父母都要加以注意，说一些适当的话或实施恰当的行为给予孩子足够的安全感。孩子在相对安全的环境下会消除戒心，不再像刺猬一样让人难以靠近。

> **成长点读**
>
> 发脾气是孩子表达内心不满的途径，父母在孩子发脾气时不要觉得烦躁，这反而是了解孩子的最好时机。

他的周围都是"坏榜样"

孟母三迁的故事人人皆知。

在孟子很小的时候,他的父亲就去世了,孟子便跟着母亲过着清苦的生活。为了把儿子抚养成人,母亲纺纱织布,帮人洗衣服,省吃俭用。

孟子的家在一片墓地旁边,因为经常看到送葬的队伍来墓地,孟子便和小伙伴们学着那些人的样子玩起了办丧事的游戏,一边跪拜一边号哭。

孟母是一个有见识的女人,她希望儿子能早日成材,当她看到这一幕,便决定搬家,把家搬到了集市中。

当孟子看到集市上的小贩杀牛宰羊、贩卖物品时,便和邻居家的小伙伴一起玩起了商人做生意的游戏。

孟母见此情景,皱起了眉头:"这个地方不适合我的儿子居住。"于是,她便带着孟子再次搬家,把家搬到了一所学堂附近。

学堂里的读书人都很有修养,行礼跪拜,礼貌相待。时间一长,孟子便也学着读书人的样子和人见面礼貌地打招呼,还模仿学生摇头晃脑地念书。孟母见到孟子这般模样,满意地点着头说:"这才是我的儿子应该居住的地方啊。"于是,母子二人便在学堂附近居住下来。

孟子取得的成就与其良好的成长环境有很大关系,后来,人们便常用"孟母三迁"来表示人应该接近好的人、事、物,以养成好的习惯。一个人的成长、性格等都会受到外界人、事或物的影响,这便是现代心理学上的"邻里效应"。

前文说过,孩子天生具有高超的模仿能力,他们不但会模仿父母,还

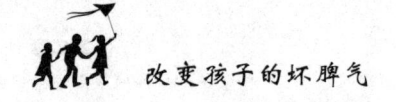

会模仿周围的人和事。例如，某个孩子本来乖巧懂事，他的某一个朋友却脾气暴躁，动不动就朝父母发火，而朋友的父母却总是对孩子一再迁就，以满足孩子提出的要求来平息其怒火。久而久之，这个孩子便也会模仿朋友的行为，希望以发脾气的方式让父母满足自己的要求。

孩子时刻被"坏榜样"影响，除了人为影响，还包括电视和网络。例如，电视中的言情片可能会促使孩子早恋或性冲动；警匪片则会使孩子倾向暴力……当孩子从电视中看到一些符合自己人设的角色或是某些感兴趣的情景时，他们便会加以模仿。当年电影《古惑仔》热播时，不光是成人喜欢看，未成年的孩子更喜欢看，很多孩子模仿电影中的"古惑仔"，在同学中间横行霸道，甚至拉帮结派进行打斗。

总之，孩子会模仿社会或电视中的很多东西，比如语言、穿着或行为等。对于孩子模仿而出现的坏毛病，家长不能让孩子独自承担责任，因为这与家长的监护不力有很大关系。所以，家长在避免做出"坏榜样"行为的同时，也要善于观察，帮助孩子提高判断事情的能力，改变孩子模仿不良行为的环境。

成长点读

如果父母的行为是正面的、积极的，孩子会受到启发和鼓励，并做出积极的反应。如果父母的行为是消极的、暴躁的，孩子会受到负面影响，并尝试模仿这些行为。

影响孩子发脾气的因素有很多

张冲的父母离婚了，张冲归母亲抚养，父亲搬离了这个家。

张冲本来是一个活泼的孩子，但自从父母离婚后，他便变得不爱说话，有时还会一个人坐在房间里发呆；他不再喜欢参加学校的集体活动，连同学邀请他去家里做客也总是找理由推托；他开始害怕与人相处，尤其是那些拥有和睦家庭的同龄人。而且，有时张冲会莫名其妙地发脾气。

因工作原因和离婚带来的伤害，妈妈没有过多的精力去关心张冲，虽然妈妈注意到了张冲的变化，但她以为张冲的沉默寡言和乱发脾气只是暂时的现象，是因为爸爸妈妈离婚给他带来了一定的烦恼，时间一长自然会慢慢习惯。而事实上，张冲并没有像妈妈想的那样慢慢适应，而是越来越沉默和乱发脾气，有时一整天不说一句话，发起脾气来谁也管不了。听老师说，张冲在课堂上也是如此，有时，他的眼睛明明盯着黑板，思绪却早已飘到了九霄云外。有时，老师批评他，他不是沉默不辩解就是朝老师大吼大叫。

张冲本来是一个成绩优异的孩子，自此之后成绩便一落千丈，直到有一天，张冲竟然在课堂上毫无原因地大哭起来，这时，大家才惊觉这个孩子的精神状况出现了问题。当妈妈急匆匆地赶到学校并带着张冲去看心理医生后，才知道张冲患上了严重的抑郁症。

孩子的坏脾气除了与父母本身脾气不好和溺爱孩子有关，还有很多其他的因素，如上例中的张冲的坏脾气与他分裂的家庭有一定的关系。父母离婚会给孩子幼小的心灵留下创伤，如果父母离异后不重视孩子的心理问题，可能会影响孩子的一生。那么，孩子的坏脾气到底还与哪些因素有关呢？下面简单介绍几种。

环境的影响。例如，有些孩子在家里和在学校是两种截然不同的表现。在家调皮任性，动辄便大哭大闹，在学校却表现良好，是老师和同学眼里的好学生。孩子之所以会有这种表现是环境所致。在家里，孩子是父母的

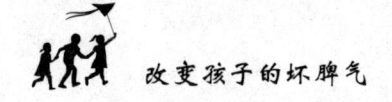

掌上明珠，是家庭的核心，而在学校却成了大集体中的一员，失去了核心地位，于是便出现了情绪差异的现象。

心理上的需求。年幼的孩子经历的事情较少，对一些事情的理解不能像成人一样全面，不能做出较为成熟的决定。当家长看到孩子做出错误的决定时，只是一味地斥责，强硬地令其修正，却忽略了孩子心中的感受。其实，很多孩子发脾气是想引起家长的注意，使其能受到重视。

学习压力大。很多孩子在面对父母为其设计的"蓝图"时压力增大，在学校学习的竞争压力更是令其喘不过气来，而一旦这些压力超出了孩子的承受能力，孩子便会出现焦虑，有的甚至会出现严重的心理疾病。

与饮食相关。经研究发现，造成孩子脾气不好的原因与平时吃高糖和肉类饮食过多也有一定关系。以肉类食物为主食，会导致人体血液中儿茶酚胺水平较高，从而使人脾气暴躁。

除此之外，还有很多因素会致使孩子的情绪失控，如父母或他人对其进行了身体上的攻击或体罚、季节的变化等。

成长点读

一个从小喜欢使用语言和肢体暴力、动不动就发怒的孩子，成年后坏脾气很可能会继续隐藏在他的身上或者迁移到下一代人身上。

第三章　用好脾气成就孩子的一生

孩子拥有好脾气是他们今后拥有好情商的重要基础，脾气好的孩子容易交到朋友，获得赞誉，而坏脾气的孩子则恰好相反。所以，父母都希望自己的孩子性格好、脾气好，并拥有辉煌的人生。

改变孩子的坏脾气

好脾气是拥有好未来的重要因素

元元是个漂亮的小公主,更是爸爸妈妈、爷爷奶奶的掌上明珠。元元嘴很甜,很是讨人喜欢。

当元元快上小学四年级时,妈妈想让元元去更好的学校学习,便托了各种关系联系到一家不错的高级私人学校。各种程序走完之后,只剩下最后的面试环节了。据说,从这所学校出来的学生大部分能考上重点中学。元元一家都沉浸在元元即将就读这所学校的喜悦之中。

到面试那天,妈妈带着元元早早等候在学校门口,当叫到元元进去面试时,母女二人相互打气,信心满满地走进校门。在面试的办公室里,一切都进行得特别顺利,无论是从妈妈嘴里了解到的信息还是元元回答的问题,面试老师都觉得非常满意。

走出办公室,元元因为口渴让妈妈把包里的水杯递给她。妈妈翻遍了背包都没有找到水杯,这才想起可能是因为出门太急忘记带了。谁知,元元顿时不高兴了,生气地看着妈妈,大声地对妈妈说:"我不是告诉过你要带水杯吗?你怎么能忘记呢?真是气死我了,我不理你了。"说着,元元自顾自地往前走,而这一幕正好被推门出来的一位面试老师看到。

最后,这所学校没有录取元元,原因是校方认为元元是个脾气暴躁的孩子。

如果元元能控制自己的情绪，不对妈妈发脾气，也许她便能顺利进入心仪的学校，考入重点中学和重点大学的机会就会陡增。元元因为自己的小脾气而错失进入理想学校的遭遇让人不免惋惜。

如果足够细心，我们会发现，不能控制自己情绪而经常乱发脾气的人通常会一事无成，有的甚至会酿成大错而遗憾终身。前不久媒体报道了这样一则新闻，一对清华毕业的夫妇去了美国，而且进入世界著名的大公司谷歌工作。但不知是因为工作压力大还是夫妻关系出现了问题，丈夫一怒之下杀死了妻子并自杀。清华大学毕业并能进入谷歌工作，可见能力不是一般的出众，最后二人的人生却只能以被杀和自杀的方式收场，让人唏嘘。

不管这位丈夫是因为什么杀死了妻子，总之是没有控制住情绪，而他的坏情绪也绝对不是一时半会儿养成的。由此可见，控制不住情绪、乱发脾气的人，很难拥有好的未来。

当然，任何事情都不是绝对的，并不是所有坏脾气的人都没有美好的未来。如果一个人为人率真，没有城府，遇到高兴的事开怀大笑，遇到不高兴的事发发脾气，但只要能控制在一定的范围内，对自身应该不会有太大影响。也并非所有拥有好脾气的人都会拥有美好的未来，这只是其中一个因素，除了好脾气，还要有各方面的能力，如学习、创新能力和口才等。除此之外，运气也是拥有好未来的一个因素。

总之，作为父母，一定要让孩子明白好脾气在他们未来人生中所可能起到的作用。良好的性格和脾气好比水泥柱中的钢筋铁骨，而知识和学问则是浇筑其中的混凝土。没有钢筋铁骨的支撑，浇筑再多的混凝土也建不起高楼大厦。

成长点读

成功的人善于用积极的方式思考问题，用乐观的精神面对挑战，用良好的性格来支配和控制自己的人生。

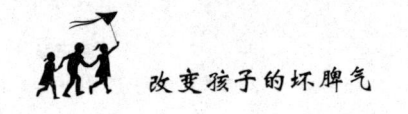

好运总是垂青爱笑的人

燕燕是一个活泼爱笑的小女孩,周围的人喜欢燕燕,除了喜欢她的可爱,喜欢她的善良,还因为燕燕是一个特别爱笑的姑娘。

在外人看来,燕燕总是无忧无虑的,嘴角上扬,脸上挂着笑容,每个人对这种笑容似乎都没有抵抗力,便不由自主地喜欢上这个小女孩。

有一天,燕燕和伙伴们在一起玩儿,不小心被一个小伙伴绊了一下摔在了地上,鲜血从燕燕的膝盖处流了下来。和她一起玩儿的孩子们顿时慌了神儿,有的跑回了家,有的站在原地大哭大叫,而燕燕则忍着疼痛笑着安慰身边的伙伴:"没关系的,摔一跤怕什么呢?我不疼,你们看,如果疼我还会笑吗?"

燕燕被赶来的大人送到了医院,检查结果显示,燕燕摔伤的部位并没有太大问题,反而是她大腿内侧不起眼的地方长了一颗肿瘤,正因为发现得较为及时,切除得也较为及时,没有对她的身体造成影响。

后来,有部电影去燕燕所在的学校选小演员,导演看到了燕燕那招牌式的笑容便果断选择了燕燕,燕燕从此成了当地的小明星。

我们经常会听到这样一句话:"爱笑的人,运气都不会太差。"这似乎成了约定俗成的一种观点。如果我们细心观察,会发现身边那些面相和善,总是以微笑示人的人,运气都不会太差。这些人无论是在生活上还是在工作中,都会受到他人的青睐。而喜欢整天皱着眉头、苦着脸的人似乎做什么事都不顺。

那么,为什么爱笑的人运气会比较好呢?

爱笑的人一般具有乐观的心态和积极向上的生活态度。他们懂得享受生活中的美好瞬间，善于从小事中找到快乐和满足感。面对困境和挫折，他们不认为那是坎坷和失败的标志，而是认为那是成长和学习的机会。这种积极的生活态度能给他们带来更多的机会和收获。

同时，爱笑的人通常具有灵活应变和解决问题的能力，这种能力使他们在工作和生活中更具竞争力，并能够应对各种变化和挑战。而那些经常抱怨的人则容易陷入消极的情绪中。越消极越无法有效地应对问题和适应环境，自然他们的运气和机遇也会受到限制。

成人如此，孩子也是如此。从小引导孩子养成好脾气，做一个爱笑的人，用阳光和笑容去面对生活和学习中的各种挑战，相信自己的努力和坚持，好运自然也会随之而来。

无论遇到什么事，爱笑的孩子总是会向好的方面看。对待这个世界足够积极向上，这个世界也自然会对他足够善待并给予其更多的机遇。

告诉孩子，既然保持微笑快乐生活一天，带着阴暗消极也是生活一天，那为何不选择前者呢？

成长点读

> 每一个爱笑的人，身上都会有一束温暖的阳光，这道阳光会驱散阴霾，留下好运。世界上没有什么东西比微笑更能修饰人的容貌。

孩子尤其喜欢好脾气的朋友

红红是家里的独生女，备受爸爸妈妈和爷爷奶奶的宠爱。所以，娇惯下的红红脾气特别暴躁，稍有不如意便大发雷霆。红红朋友很少，尤其是

改变孩子的坏脾气

在学校,同学们都不喜欢接近红红,课间做游戏更是对红红避而远之。而红红的同学丽萍却恰恰与红红的性格相反。

丽萍是一个很和善的小女孩,从不乱发脾气。因为丽萍积极乐观,她的身边总是围绕着很多朋友,只要与丽萍打过交道的人,都对她赞不绝口。

一天,红红所在的班级上体育课。在体育老师的带动下,全班做起了游戏。老师让同学们自主选择游戏伙伴,很多人选择与丽萍结伴,而没有一个同学选择红红。红红先是尴尬地站在原地,后来竟哭了起来,最后在老师的协调下才有几个女生不情愿地站到了红红身边。

同学们喜欢丽萍而与红红保持距离与二人的脾气不无关系。脾气好的孩子,内心是从容淡定的,他们大度乐观,无论发生什么事,他们都可以放松地去面对。而脾气不好的孩子,即使有人愿意与他们交朋友,也会被他们的坏脾气逼走。因为,每个人都有自己的性格,没有人有义务忍受他们的坏脾气。在家里,父母可以宠着坏脾气的孩子,但是到了社会上,不但没有人可以宠着他,相反,他还需要去面对残酷的现实。每个人都会本着这样一种心态交朋友:"你容易靠近,你对我好,我才愿意和你在一起。动不动就对我发脾气的人怎么能成为我的朋友呢?"

脾气好的孩子往往具备积极乐观的心态,这种心态使他们能够更好地应对各种问题和压力。脾气好的孩子也会吸引和传递正能量,待在这样的孩子身边,你会感到愉悦和舒服。这种正向的心态和氛围有助于其在孩子间建立良好的人际关系。而一天哭丧着脸、到处传递负能量的孩子则会影响周围人的心情。一个无法控制住自身怒气的人,只怕处处会给人带来困扰。试想,谁想和这样的人交朋友呢?

"近朱者赤,近墨者黑。"性格开朗、脾气好的人的周围聚集的大多是好性格的人，而动不动就发脾气的人的周围聚集的则多是同样脾气暴躁的人。经常与坏脾气的人待在一起，久而久之，你的脾气也会变坏。作为父母，我们自然喜欢自己的孩子和性格好的孩子在一起而远离坏脾气的孩子。成人尚且如此，孩子的思维世界极为简单，则更会如此。

当然，对于一些本身脾气就不好的孩子来说，他们可能更喜欢同与自己有相同脾气、相同爱好的孩子做朋友，正所谓"志同道合"。如果我们的孩子脾气暴躁，不妨试着让他与充满正能量的、性格好的孩子相处，交往一段时间后，我们会看到孩子身上发生喜人的变化。

> **成长点读**
>
> 交朋友要尽量远离负能量的人，因为负面情绪会互相传染；从正能量的人身上汲取力量，可以让我们变得更加优秀。

好脾气是孩子一生的财富

亚马孙河流域有一种鱼叫乌漆鱼。乌漆鱼生性凶残，主要以比它小的鱼为食，有时也会猎杀体型比它大几倍的鱼。在这片水域中，乌漆鱼是绝对的霸主。

然而正是这样一种鱼，有时也会丧命在一种弱小的尖嘴鱼之口。强大的霸主怎么会敌不过弱小的尖嘴鱼呢？

原来，每当被乌漆鱼捕食时，尖嘴鱼都会游进树根或石洞里躲避，而这些树根或石洞错综复杂，乌漆鱼根本找不到地方下口。眼看近在咫尺的食物却吃不到嘴，乌漆鱼怎肯善罢甘休，于是便愤怒地四处乱撞，试图找到缝隙攻击尖嘴鱼。

而此时躲在树根或石洞中的尖嘴鱼也在不断挑衅乌漆鱼。乌漆鱼越发愤怒，便发起了更猛烈的攻势，最终力竭而亡。

乌漆鱼与尖嘴鱼本来实力悬殊，强大的乌漆鱼却因为愤怒而断送了自己的性命，而尖嘴鱼则得以生存下来。

每个人都有自己的脾气秉性，有的人直率豪放，有的人刚正不阿，也有的人脾气暴躁。评价一个人是否儒雅大气有内涵，从其脾气中便能窥见一二。一个人的脾气不好，便会缺乏应有的胸怀和气度，自身的修为自然好不到哪里去。

英国作家威·赫兹里特曾说："好脾气是人生的一笔财富。"我国明朝学者洪应明在《菜根谭》中也说："性躁心粗者一事无成，心和气平者百福自集。"这句话的意思是说，性情急躁粗心的人很难有所成就；而心情平静、态度温和的人，各种福分会自然到来。的确如此，当人因为愤怒而丧失理智时，冲动之下做出的决定十有八九是错误的。

有人说，失败者失败的原因中90%是源于坏脾气。一个人能不能有所发展，可以看他的脾气大小，脾气越大，成功概率就越小。这种说法虽然有失偏颇，但也不无道理。在现实生活中，尤其是在成人的世界里，如果对老板发脾气，可能会丢掉工作；如果对同事发脾气，可能会受到排挤；如果对客户发脾气，可能会损失利益；如果对路人发脾气，则可能会遭到报复……

坏脾气就是心魔，如果我们不控制它，任由其发展，它便会吞噬我们。有时候，我们的坏脾气可能会伤害我们自己而成全他人。我们或许逞了一时之能，图了一时之快，却要付出很大的代价，甚至会遗憾终身。所以说，好脾气是人生的一笔财富。我们要让孩子懂得，修得一个好脾气，就是一辈子的好福气。虽然好脾气的不一定是高尚的人，但是，好脾气一定是一个人最美好雍容的姿态。成人如此，孩子同样如此。

> **成长点读**
>
> 一个能控制住不良情绪、不发脾气的人,比一个能拿下一座城池的人更强大。如果连脾气都控制不了,即便给你整个世界,你早晚也会毁掉这一切。

其实孩子的内心很脆弱

彬彬是家里的独子,爸爸妈妈视他如掌上明珠。虽然在父母的娇惯中长大,彬彬也知道父母对他的要求会极尽所能地去满足,他却很少提出过分的要求,在父母和周围人的眼中,彬彬是一个特别懂事的孩子。

但是,美中不足的是,彬彬有时也会有些霸道,动不动就会发小脾气。例如,几个同龄的孩子在一起玩,如果孩子们都和彬彬好,彬彬会玩得很开心,而一旦某个孩子因为某些小事与彬彬有了矛盾或是与他人要好而冷落彬彬时,彬彬便会大哭大叫,甚至动手打和他一起玩的孩子。据老师反映,在学校里,彬彬集体意识很强,他喜欢和其他同学在一起学习或做游戏,他也非常热心,经常去帮助一些有困难的同学,但是,只要被同学或老师误会,或是挨了批评,彬彬便会哭个不停。时间一长,同学们便不再愿意与彬彬在一起学习或是做游戏了。

一天,妈妈把放学后的彬彬叫到跟前,向他询问原因,彬彬"哇"的一声大哭起来,然后支支吾吾半天才对妈妈说出原因:"我怕失去朋友,我希望他们都和我要好,但我觉得好孤独。"

有些时候,我们眼中的孩子虽然看似坚强,个子和成年人没有什么区别,其实,年幼的他们心智不成熟,没有遇到过大风大浪,我们眼中的他

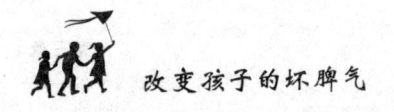

们可能是故作强大，而实际上他们的内心是脆弱的。在他们的世界里，他们越是珍惜的东西越是怕失去，就如上例中的彬彬，他希望所有的同学都是他的好朋友，当他感觉要失去某个朋友时，他便会脆弱到控制不住自己的情绪。

家长对孩子的过度溺爱会造成孩子任性、霸道的性格，当离开家庭这个环境，尤其当他们遇到挫折时，他们便脆弱得很难承受或无法承受，于是，便会通过发脾气的方式来表达他们的困惑。

有些家长过度保护孩子，总是帮助孩子做一些事情，这样，孩子便会对家长有依赖性，这不利于孩子的独立自主。于是，当家长不在身边时，孩子便会觉得不习惯。这时，别人的一句话便有可能让孩子崩溃到极点。

现在的家长懂得使用赞美来促进孩子进步，赞美虽然能增强孩子的自信心，但如果过度，则会使孩子产生自负心理。当孩子遇到比自己优秀的人时，心理上便会难以接受；如果家长对孩子要求过高，只许成功不许失败，那么，当孩子遭受打击时，心理便会越来越脆弱。

当然，这些都是孩子内心脆弱的客观原因，孩子的心灵是纯净的，其内心脆弱的主要原因是性格的敏感和懦弱。孩子的内心越是脆弱，他们越是觉得孤独，他们希望在他人面前树立起外表强大的假象。其实，越是故作强大，越是说明他们内心脆弱。

成长点读

愤怒和愚蠢是一对形影不离的兄弟，被情绪操控的人，会成为情绪的奴隶。而心平气和者，却能够保持理智清醒，从而避开情绪的陷阱。

孩子性格好不代表没脾气

在大家眼中，小军是一个性格特别好的孩子。

在家里，他是爷爷奶奶眼中的乖孙子，当爷爷奶奶腰酸背痛的时候，小军总是贴心地为爷爷奶奶按摩，或是用自己的零花钱去药店买来膏药给爷爷奶奶贴上。每当放学回到家里，小军放下书包便走进厨房帮妈妈择菜，他从来不挑食，也从来不向爸爸妈妈乱要零花钱。

在学校里，小军不但是老师得力的小助手，对同学们也是非常友好。他很少与同学发生冲突，更是热心地去帮助有困难的同学。大部分同学喜欢与小军做朋友，但也有几个同学总是对小军看不顺眼，认为小军能当选班长是因为他总是在奉承老师，与同学们的友好也是故意在亲近，以便能取得同学们的好感。

一天，轮到小军当值日生，班里的一个平时总是喜欢作弄人的同学坐在椅子上，等小军打扫完之后故意撕下几张纸，揉成一团扔到地上，笑着招呼小军："班长，这儿还没扫干净呢。"

小军拿起笤帚打扫干净。

谁知，那个同学又撕下几张纸，揉成几个纸团扔到地上。

"班长，为了表现你的勤劳，快打扫干净吧。"那位同学皮笑肉不笑地看着小军。

小军知道这位同学是故意的，他强忍着心头的怒火，还是默默地把纸团打扫干净。

那位同学见小军默不作声，更加趾高气扬了，拿起自己的作业本撕个不停……

小军实在忍无可忍，他一把从那位同学手中夺过作业本，大声说道：

改变孩子的坏脾气

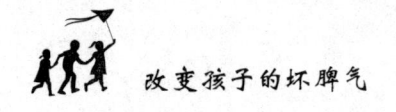

"别以为我脾气好就可以随便欺负，我的忍耐是有限度的。"

看着气愤的小军，那位戏弄小军的同学愣在原地。

在现实生活中，有很多像小军一样性格好的孩子。在成人眼里，他们总是显得大大咧咧，没心没肺。他们不善于争辩，如果他人与之争吵，他们往往选择沉默而不是回击，于是有些人便觉得他们很尿；他们不懂得拒绝别人，明明吃亏还是会答应他人的要求，于是有些人又觉得他们心太软……其实，他们不是没有烦恼和痛苦，只是他们不想把自己的不快乐带给他人。他们处处为他人着想，但这并不代表他们没有脾气。我们看见他们脾气好，是因为他们把个性放在了内在，而不是外在。其实，他们的内心有规则底线，他们的底线虽然被高高举起却从不束之高阁。一旦有人触碰了他们的底线，或许就是一次电闪雷鸣的狂风暴雨，而且他们不会轻易妥协。

脾气好的孩子通常还有个特点，那就是面对任何事情都可以保持一颗平常心，可以不骄不躁，可以轻轻松松地去应对。

每一个父母对孩子的爱都是毋庸置疑的。在父母眼里，即使孩子有一些所谓的小脾气也会被认为是可爱的表现，认为这些小脾气无伤大雅。其实，父母不应对孩子微小的坏脾气视而不见，而应加以重视，并在合适的时候加以纠正。但同时，千万不要让好脾气成为委屈孩子的难题，告诉孩子，该发火时别压抑，该拒绝时别客气，别让好脾气成为他人欺负自己的武器。好脾气不代表没脾气，没脾气不代表没底气。

> **成长点读**
>
> 人的性格好不代表没脾气，只是他不轻易发脾气而已。善良不代表没有分辨是非的能力，不代表可以随意被人欺负，被人欺负而强忍那是纵容。

中 篇

心理抚养——
父母有效陪伴，孩子情绪稳定

作为父母，要理性且客观地看待孩子的坏脾气。当孩子发脾气时，父母可以尝试"放低"姿态，变身孩子的朋友或"死党"，做孩子眼中"足够好"的父母，此时的你便是孩子睿智的"灯塔"。

中 論

第四章　学会尊重，孩子不是父母的出气筒

孩子虽小，却是一个有思想的独立个体。作为家长，我们不能把孩子看作自己的附属物，而应放下身段，在相互尊重的前提下，与孩子成为可以交心的朋友。否则，即使孩子脾气再好，也会与我们渐行渐远。

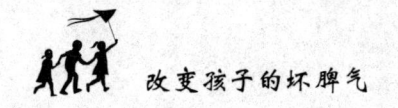

尊重孩子的天性，不做"专制型"父母

雷雷今年 11 岁，他的妈妈是一家大企业的主管，手下管理着很多员工，做起事来雷厉风行，是典型的事业型女强人。在对待孩子的教育问题上，妈妈同样比较强势。

雷雷非常聪明，学习成绩优异，是人见人爱的乖孩子。但最近，雷雷特别贪玩，并且迷上了上网，不再专心学习了。妈妈发现雷雷的这一情况后，立即采取行动，她先是强行没收雷雷的手机，而后将家里的电脑设置了密码。妈妈的一系列措施虽然让雷雷不能上网、玩游戏，但也招致了雷雷的敌视。不久后，雷雷想到了一个解决的办法，那就是去网吧上网。于是，雷雷一有机会就溜进网吧玩游戏，他更没有心思学习了。殊不知，他的这一行为早已被妈妈发觉。

一天，妈妈接到老师的电话——雷雷没有去上学。妈妈找遍所有雷雷可能去的地方都没有找到他，于是，妈妈动员了家里所有的亲朋好友全面搜寻雷雷的踪迹。终于，雷雷被找到了。看着儿子如此沉迷网络，妈妈彻底失控了，她强行拉着雷雷离开，回到家后勒令雷雷写了一份悔过书。从此之后，妈妈要求雷雷在放学后半小时内必须回家，写完作业必须上床睡觉，需要外出必须请示，经她同意后方可出门……妈妈俨然成了一位发号施令的权力拥有者。

在妈妈的权威管理下，雷雷远离了网络，但同时他也远离了妈妈。每

第四章
学会尊重，孩子不是父母的出气筒

天放学回家，雷雷像老鼠躲猫一样躲着妈妈，不愿和妈妈有过多的交流。

在现实生活中，很多父母和雷雷妈妈一样把孩子当成自己的附属物，在没有征得孩子同意的情况下替孩子做出各种决定。当孩子的行为与自己理想中的行为不一致时，不是一味地说教，就是不断地责备、呵斥，他们在下任何决定之前，从来不会和孩子商量，甚至强制性命令孩子执行。这便是"专制型"父母的教育方法。在这种教育方法下，孩子可能会暂时屈服于父母的权威之下，却也会使孩子像雷雷远离妈妈一样远离父母。有时，父母高强度的管制还可能会激起孩子强烈的逆反心理，使孩子的脾气变得异常暴躁。

鲁迅先生是文学界的巨匠，他在教育方面也颇有建树。他曾说："听话，自以为是教育的成功，待到放他到外面来，则如暂出樊笼的小禽，他绝不会飞鸣，也不会跳跃。"当然，不会飞鸣、不会跳跃的结局并不是身为父母的我们所希望看到的。既然专制型父母做不得，我们应该做怎样的父母呢？

凡事少命令，多与孩子商量。当他人替我们做决定时我们会生气反感，孩子也一样，他们不想父母替他们做决定。这时，父母便应该采用商量的方式，而不是去命令孩子。商量的方式会使亲子关系更为融洽，会使家庭气氛更加和谐。

了解孩子的真实想法后对症下药。如果父母采取强硬手段，往往会引起孩子的不满，造成孩子的逆反心理，激化孩子与父母的矛盾。这时，我们不妨安抚孩子的情绪，了解其真实想法，然后对症下药，争取与孩子达成共识。

和孩子说话要和风细雨。在专制型父母的震慑力下，孩子的性格往往

改变孩子的坏脾气

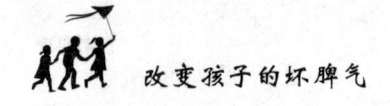

会朝两个极端发展,一是变得唯唯诺诺,对父母唯命是从;二是脾气暴躁,动不动就火冒三丈。这两种性格对孩子的成长来说都是不利的,父母应该改变和孩子说话的语气和态度,让孩子感受到来自父母的爱,为孩子营造一个温暖自由的成长环境。

> **成长点读**
>
> 每个孩子都是天才,父母要尊重孩子的天性,让孩子自己做决定,不要强制孩子接受自己的安排。因为,适合孩子的才是最好的。

蹲下身去,做孩子的知心朋友

有一天,妈妈带着子玉去朋友家玩,朋友家里有一个和子玉年龄相仿的小女孩可儿。两个同龄女孩到了一起,自然有说不完的话。两人玩到了中午,子玉央求妈妈多玩一会儿,加上朋友的盛情挽留,妈妈和子玉便留下来吃中午饭。

朋友做的馅饼很好吃,子玉吃了两个都没吃够,她拿起第三个吃了起来。吃到一半的时候,子玉放下馅饼又和可儿玩在了一起。

妈妈看着子玉剩下的半块馅饼,没多想便放进了嘴里。

又过了一会儿,子玉跑到餐桌旁,往盘子里看了又看,然后问妈妈她的半块馅饼哪里去了。

妈妈告诉子玉因为她怕浪费便吃了那半块馅饼。谁知,子玉"哇"的一声哭了起来,并大声对妈妈说:"谁让你吃我的馅饼了?"

妈妈也不甘示弱,大声对子玉说:"妈妈以为你吃饱了,难道妈妈就不能吃你半块馅饼吗?"

子玉哭得更凶了,一边哭一边捶打妈妈,妈妈则转过身去索性不加理睬。

朋友见母女二人都如此倔强,便走到可儿面前,低声对可儿说:"可儿,你盘子里还有两块馅饼,能不能分给子玉一块呢?"

可儿犹豫了几秒钟,把盘子推到子玉面前:"子玉,你吃我的馅饼吧。如果你爱吃,明天你来我家玩,还让妈妈给我们做。"

孩子发脾气是正常的,毕竟他们还年幼,所以,从上面的案例中我们并不能看出子玉和可儿谁性格更好,谁更懂事,但我们却能从中看出两个妈妈对此事的不同处理方式。子玉的妈妈选择了硬碰硬,而可儿的妈妈选择了与女儿商量,从朋友的角度给女儿分析。当然,我们也能判断出可儿妈妈的做法更可取。

很多父母面对孩子时,常常打着朋友的名义做着父母的事情,他们总是高高在上,对孩子横加指责。这样的父母永远也走不进孩子的内心世界。作为长辈,父母与孩子相处时不应只讲究"长幼有序",更不应只讲究"尊卑",而应和孩子做"知心朋友"。成为孩子的知心朋友、理解孩子,孩子才愿意向父母敞开心扉,遇事不隐瞒父母,这有助于孩子抒发负面情绪。

而很多父母,往往可以做到全心全意为孩子着想,却无法站在孩子的角度去思考问题,对孩子的爱让他们无法在孩子做错事时保持冷静,这也是很多父母和孩子很难成为"知心朋友"的原因。

要想成为孩子的"知心朋友",父母需要给孩子足够的陪伴,陪他游戏、陪他运动、陪他阅读、陪他旅行、陪他做他喜欢的事情。父母的陪伴能带给孩子温暖,有了爱的力量,孩子便有把事情做好的决心和信心。

要想做孩子的"知心朋友",父母还要尽可能地去了解孩子所喜欢的

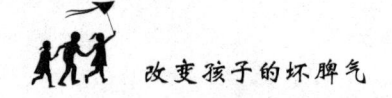

事,如音乐、明星等,学习孩子的"语言",做孩子真诚的倾听者,认真回应孩子的情感需求,以能进入孩子的内心世界,了解孩子的真实想法,尽自己的最大努力和孩子打成一片。

> **成长点读**
>
> 父母不应把孩子当作自己的私有物品,剥夺孩子发言的权力。否则,便等于关闭了孩子与父母沟通的渠道。

适度偷偷懒,不做孩子的"监工"

在张民看来,他是一位称职的父亲,从他的孩子出生后,他就坚持"陪伴"着孩子。

当孩子与别的小伙伴在一起玩的时候,张民的眼睛盯着孩子的每一个举动;当孩子学习的时候,张民关掉电视,宁可不看自己喜欢的足球比赛,坐到孩子旁边看孩子写作业;当孩子吃饭的时候,张民帮孩子夹喜欢吃的菜……对孩子的一切,张民总是乐此不疲。孩子对张民的付出也进行了回报,学习成绩在班里总是名列前茅。张民见人就说孩子是他的骄傲。

眼看孩子就要参加中考了,张民对孩子考上重点高中也抱有很大希望,因为孩子每次模拟考试成绩都在年级前列。

中考前两天,学校给孩子们放了两天假,以让孩子们能以更加轻松的心情应对中考。放假的第二天,张民推开儿子卧室的门,发现儿子不见了,他慌忙报了警。

在警察的努力下,孩子很快被找到了,但孩子似乎并不愿意回到家中,他对警察是这样说的:"我知道爸爸是爱我的,但我感觉他对我的爱太沉重,他总是监视着我,让我时刻生活在紧张之中。我担心中考考不好会伤了爸爸的心。"

不可否认，张民的确是爱孩子的，但他不知不觉中扮演了孩子的"监工"，殊不知，他时刻关注着孩子的各种行为会使孩子的心理承受巨大的压力，这种压力往往会使孩子喘不过气来，当孩子被逼到了极限，便会彻底爆发。这是张民甚至每一个父母都不愿看到的。

但很多家长喜欢像张民一样"越界"，他们并不是不爱孩子，相反，他们比常人可能更爱他们的孩子，于是，他们打着爱的名义肆意干涉孩子的生活，侵犯孩子的隐私和自尊。

孩子不是我们圈养的宠物，他们需要被平等对待，他们也有尊严。当他们被管控时，他们就像"木偶人"一样丧失了自主能力，这是何等的痛苦啊！父母对孩子的成长做适度的了解和引导是可以的，但同时必须给孩子留一些私密空间。

教孩子遇事要冷静。退一步海阔天空，我们要让孩子知道，凸显自己的个性并非一定要通过与他人的对抗来实现。当孩子遇到困难时，除了教育孩子要冷静对待，作为家长的我们也要冷静对待，要尽量让孩子明白是非曲直，然后让他们自己做出决定。

不要认为孩子什么也不懂。到了一定的年龄，孩子的独立性会增强，他们不喜欢被父母当作小孩子。所以，父母要改变以往的态度，把孩子放在与自己同等的位置上，遇事与孩子商量而不是对每个细枝末节指手画脚或是大包大揽。

相信孩子可以做得更好。其实，孩子远比父母想象中更有能力，他们并不是父母眼中没有任何处事能力的小孩子。他们从来都是小小外交家，处理起事来同样能有条不紊。

改变孩子的坏脾气

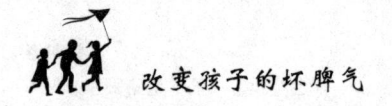

> **成长点读**
>
> 孩子的情绪就像弹簧一样,被压得越紧,弹得就越高。面对孩子的坏情绪,父母应该心平气和地与之交谈,表扬、鼓励孩子,这是拉近亲子关系的一个好办法。

放下你的架子,给孩子留足"面子"

周末,齐齐邀请同学苏苏来家里做客。两个孩子在客厅里玩了起来,不一会儿,可能是有些渴了,齐齐便打开冰箱准备拿饮料喝。因为不小心,齐齐在拿一瓶酸奶的时候把酸奶打翻到地上,酸奶溅了一地。

站在齐齐身边的苏苏顿时紧张起来,脸色都变了:"齐齐,这下你闯祸了,你看满地的酸奶,阿姨会不会骂你啊?"

谁知,齐齐满不在乎地说:"这你就不知道了吧,我妈妈肯定不会骂我,我又不是故意的。"

这时,齐齐妈妈正好走了过来:"两个小姑娘,有需要我帮忙的地方吗?我好像听到什么掉到了地上。"

"对不起,妈妈,是我不小心把酸奶碰到了地上。"齐齐笑着对妈妈解释道,身旁的苏苏则屏住呼吸看着齐齐妈妈,生怕齐齐妈妈会大发雷霆。

妈妈拿过拖布,笑着对齐齐说:"没关系,你又不是故意的,但你需要动手把地面打扫干净。"说着,妈妈把拖布交到齐齐手中。

齐齐接过妈妈手中的拖布,朝苏苏吐了吐舌头,哼着小曲打扫起掉落到地上的酸奶。

对酸奶掉落地上这一事件,齐齐妈妈处理得很好,她不是不分青红皂白地横加指责，而是给齐齐留足了面子，维护了齐齐的自尊心。

很多父母没有意识到给孩子留面子的重要性，认为孩子年幼，根本不知道何为面子，更是放不下自己身为家长的架子，认为孩子做错事必须加以批评才能彰显自己的威严。其实，不管哪个年龄段的孩子，都是需要面子的。

教育学家简·内尔森说过这样一句话："说教、威胁和惩罚产生距离和敌意，而留面子则可以产生亲近和信任。"在管教孩子的过程中，留面子可以带来神奇的效果，它不但可以化解孩子所处的尴尬境地，还能消除孩子的坏情绪，平息他们与父母间的争吵。试想，如果上例中的齐齐妈妈因为酸奶溅到地板上而严加批评齐齐，齐齐肯定会因不服气而大发脾气与妈妈争吵。这种结果是双方都不愿意看到的。

放下家长的架子，给孩子留足面子也是需要技巧的。

父母不能把自己和孩子放在对立面。父母不能在自己和孩子之间掘出一道沟，而应扔下"成人主义"，以朋友的身份，站在孩子的角度思考问题，找出孩子情绪失控的原因，让孩子自己体验坏脾气给自己带来的害处。如此，孩子便能从根本上找到自己坏脾气的原因。

采取"先扬后抑"的方式应对孩子的坏脾气。当孩子做错事或者乱发脾气时，如果父母当场进行指责，通常会使孩子没有面子，孩子不但认识不到错误，反而会产生逆反心理。这时，如果父母对孩子的优点先进行表扬，然后再指出其错误之处，孩子从心理上会更容易接受。

批评要点到为止，恰到好处。面对情绪失控的孩子，父母不能坐视不管，却也不能咄咄逼人、过多批评，而应点到为止。同时，父母还要缩短批评孩子的时间，让孩子既能认识到错误，又能恰到好处地维护孩子的自尊心，这样才能达到管教孩子的目的。

改变孩子的坏脾气

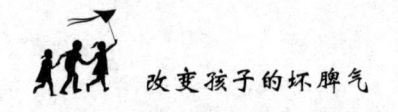

> **成长点读**
>
> 管教孩子，要少讲道理，多摆事实，且要注意自己的态度；给孩子一个面子，让其有一个台阶下，其才有反思改过的机会。

换位思考，别把孩子当大人

蕊蕊的妈妈是某事业单位的一名中层干部，她平时忙着单位里的事，不是去外地考察就是在开会，很少有时间陪伴蕊蕊。缺失了妈妈的陪伴，蕊蕊内心感觉很孤独。但妈妈工作忙，即使蕊蕊向妈妈耍一些小脾气，妈妈也是不问原因敷衍几句又匆匆去忙自己的事。

一天，蕊蕊放学回到家便写起了家庭作业。妈妈这天正好没有太多工作，便拿了把椅子坐到蕊蕊身边检查起作业来。

"哈哈哈……"当妈妈看到蕊蕊写的一篇作文时，不禁笑了起来。蕊蕊扭转头看着妈妈。

"蕊蕊，这是你写的作文吗？"妈妈一边笑一边抖动着手里的作文本。

"是啊，怎么了，妈妈？"蕊蕊不解地问。

"我记得你每次写游记作文写的都是登天门山那次，难道就没有其他更让你难忘的一次游记吗？而且，你看这篇作文中的错别字，还有好多用拼音拼写呢。"说完，妈妈又笑了起来。

听了妈妈的话，蕊蕊忍不住委屈地哭了起来："妈妈，难道你不记得你只带着我去过天门山吗？而且，我用拼音拼写的字都是我没有学过的，你别忘了，我才上小学二年级。"

上例中的妈妈虽然没有责怪孩子，她却没能站在孩子的角度思考问题。

就像蕊蕊所说，一个小学二年级的孩子会写的字是有限的，而且，正是因为妈妈没有时间带蕊蕊去更多的地方游玩，才使得蕊蕊只能以唯一的一次——游天门山——为例写游记作文，难道这是孩子的错吗？

很多父母觉得孩子年幼，便自作主张替孩子拿主意，"按妈妈说的做……""听我说……"是每一个父母都说过无数次的话。说这类话的时候，父母是不是也应该想一想，为什么孩子应该按照父母的意思行事呢？说这类话的父母根本不知道孩子想要的是什么，他们不了解孩子发脾气的原因，以至于与孩子之间的沟壑越来越宽。

法国思想家卢梭曾说过："为了使一个孩子能够成为明智的人，就必须培养他有自己的看法，而不能要他完全同意我们的看法。"孩子有着独特的思维逻辑，父母要想真正走进孩子的内心，必须学会换位思考，站在孩子的角度，即把自己看成孩子去体会孩子当时的感受。例如，当孩子受了委屈大哭时，不要一味地命令孩子"别哭""要坚强"，而应先了解孩子为什么会哭，找到原因后，问问自己："如果别人这样对待我，我会怎么样？"也许换作我们，我们比孩子的处理方法还要糟糕。

很多家长看到自己的孩子与别的孩子出现纠纷时，出于礼貌会先责备自己的孩子，把所有的错都揽到自己孩子身上，无论孩子怎样解释，至少在人前总是不相信自己的孩子。其实，什么时候都不应该怀疑孩子，尤其是在人前，试想，如果他人当着我们的面说我们可能偷了他的东西，我们内心会是什么滋味？所以，当孩子情绪失控时，我们一定要站在孩子的角度去体会孩子的感受，体会孩子受到的委屈，别为了自己的面子伤了孩子的心。

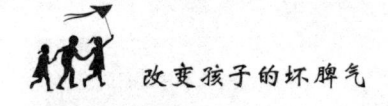

> **成长点读**
>
> 每个孩子都有自己的爱好和理想，父母要支持孩子完成他们的爱好和理想，而不是将自己的遗憾强加到孩子身上。

让孩子感到被足够重视

一天，放学后的丁丁对妈妈说："妈妈，今天班主任说这个暑假有一个国际海洋夏令营，让同学们自愿参加，但老师说他希望每个同学都能参加。"

听了丁丁的话，妈妈并没有立刻做出回应，她心里却是犯了难。这几个月家里多了好几笔开销：新买了房，每月要还房贷，刚给乡下的爷爷奶奶寄去一笔不小的生活费，上个月丁丁爸爸下了岗，现有的钱打算让爸爸做点小生意。虽然老师没有告知这次夏令营的费用，但按以往经验也是价格昂贵。这可怎么办呢？

"儿子，那你的意思呢？你是打算参加夏令营还是不参加？"妈妈看着丁丁，不紧不慢地问道。

丁丁也并没有马上回答，而是想了一会儿："妈妈，咱们买了房子，爸爸也没有了工作，家里应该没有太多的钱让我参加这个夏令营，但我真的很想参加，这毕竟是一次增长见识的机会。"

妈妈抚摸着丁丁的头说："孩子，既然你想参加夏令营，那就参加吧，钱的问题你不用担心，我们可以从别处省下一笔钱，妈妈也不想你失去这次成长的机会。"

在对参加夏令营这件事上，虽然经济困难，但丁丁妈妈并没有做出让丁丁不参加的决定，而是听取了丁丁的意见，让丁丁有了发言权，让丁丁得到了足够的重视。如果妈妈以经济困难为由反对丁丁参加夏令营，丁丁即使懂事不发脾气，但他心里应该也会特别失望。孩子只有被尊重，才可能学会自尊，并尊重别人，而自尊和尊重他人是孩子养成健康人格的前提。很多孩子被责备后不知道捍卫自己的权利，而是一味地服从父母的决定和误判，久而久之，这样的孩子养成了懦弱的性格；而勇敢反抗的则成了我们眼中"不听话"的孩子。

让孩子感到被足够重视可以从以下几个方面入手。

让孩子自己做主。征得孩子的同意，给孩子自主决定的机会，保护孩子的自尊心。试想，自尊得到了满足的孩子还有什么理由乱发脾气呢？

尊重孩子的隐私。在现实生活中，很多父母懂得尊重孩子的重要性，却总是做着不尊重孩子的事情。例如，很多家长在进入孩子房间时不是先敲门而是直接推门而入，没有经过孩子同意便翻看孩子的日记，在孩子没有允许的情况下使用孩子的物品……孩子虽小，但并不是我们的私有物，作为家长，我们应该把他们当作一个成人一样尊重，凡牵涉孩子的事都与之商谈，在经过孩子同意后再做决定。

此外，父母还要平等地对待每一个孩子，如果家有俩宝，千万不要因为优劣而有所偏向，以防给孩子的心灵带来伤害。

> **成长点读**
>
> 尊重孩子，不仅能有效改善孩子的坏脾气，而且对培养孩子的独立性、创造性和不畏困难等良好个性有着积极的推动作用。

第五章　给予信任，相信孩子比什么都重要

爱的最好证明就是信任，家庭中的信任能营造一种宽松的环境。信任孩子并不是放任孩子发脾气，而是让他们知道：父母会永远站在他们身后，让他们在被尊重的环境中学会自律和勇敢。

欣赏孩子身上的闪光点

皮皮性格特别火爆且倔强,他时常与父母对着干,气得父母不知如何是好。

一个星期六,爸爸见皮皮早早就坐到电视机旁看动画片,便问皮皮作业写完了没有。谁知,皮皮目不转睛地盯着电视,心不在焉地说:"老师留的作业不多,今天周六,还有两天呢,不着急,我明天再写。"爸爸早已习惯了皮皮的拖拉,便随口说道:"你要是能和隔壁的晓晓一样早早把作业写完该有多好,非得拖到明天晚上才写,唉。"

看到爸爸又是劝诫又是唉声叹气的,皮皮火爆的脾气一下子被点燃,他扭转过身子,满脸不高兴,朝爸爸大吼道:"我就这样了,你看怎么办吧,要不你去认晓晓做儿子?"

皮皮的一句话,竟把爸爸逗乐了,刚才还想发作的脾气一下子抛到了九霄云外:"没想到我儿子还懂得幽默,儿子,要不你再给爸爸幽上一默?"

满脸怒气的皮皮也被爸爸的话逗笑了。

爸爸看气氛有所缓和,便抓住机会说:"爸爸怎么早没发现你有如此多的优点呢?你敢于承担责任,对待朋友仗义,帮妈妈做家务……"

听到爸爸提到自己的优点,皮皮竟不好意思地低下了头,然后关掉电视,一边朝书房走一边对爸爸说:"您过奖了,我哪有您说的那么好啊。"

第五章
给予信任，相信孩子比什么都重要

教育学家拿破仑·希尔说过这样一句话："每个孩子都有很多优点，而父母恰恰总是盯着孩子的缺点，他们认为，指出孩子的缺点，孩子才能更好地成长。其实，有这样行为的父母就像一个蹩脚的工匠，蹩脚的工匠造不出完美的瓷器。"

在很多父母眼里，自己家的孩子总是比不过别人家的孩子。别人家的孩子满身的优点，而自己家的孩子都是短处甚至一无是处。世界上没有绝对完美的性格，就像上例中的皮皮，他脾气火爆却敢于承担责任，且对朋友仗义。每个孩子身上都有闪光点，它们就像一颗颗原始的玉石，经过细心打磨才能变成珍贵的宝玉。身为父母，我们不能处处挑孩子的毛病，而应去发现并培养孩子身上的闪光点。

不以成绩定英雄。看重孩子的成绩无可厚非，但如果以成绩来衡量孩子的优劣则不可取。文明礼貌、兴趣爱好、交际能力、卫生习惯、劳动情况等都应是我们在考察孩子时考虑到的，这样，我们自然便能发现孩子身上的闪光点了。

不要动不动就呵斥孩子。即使我们暂时还没有看到孩子身上的闪光点，也不应一味地斥责孩子，"你怎么这么笨啊""你就不能让我省点儿心"……诸如此类的话父母千万不要说，在贬低和抱怨声中，我们不但不能发现孩子身上潜在的优点，相反，孩子很可能会越变越糟，最终偏离成才的轨道。

> **成长点读**
>
> 越是父母眼中的"坏孩子"，越是渴望得到父母的认可和赏识。发现这些"坏孩子"身上的闪光点，才能让他们在自信中成长，在关怀中形成健康的人格。

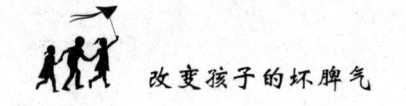

对孩子的良好行为进行夸奖

春春身上有很多缺点，比如爱发脾气、挑食、不讲卫生……很长时间以来，妈妈都不知如何去纠正春春的这些缺点。后来，妈妈发现了一个有趣的现象：越是夸奖、赞美春春，春春越是极力去表现，于是，她利用赞美改掉了春春身上的很多缺点。

当春春在某次该发脾气的场合却没有发脾气时，妈妈便对春春说："看，这么生气春春都能控制自己的脾气，真是了不起。"听了妈妈的话，本想再次发脾气的春春便不好意思再发作了。

当春春在饭桌上正吃他本不愿下咽的青菜时，妈妈及时说道："看，春春连青菜都愿意吃了，再过些日子，一定比邻居冬冬更强壮。"听到妈妈这么说，春春便狼吞虎咽起来，好像青菜格外的香。

当春春伸着手告诉妈妈今天他洗手了时，妈妈便笑着对春春说："春春洗的手真干净，这么讲卫生的孩子谁不喜欢呢？"听到妈妈夸奖，春春便养成了勤洗手的好习惯。

当春春考出好成绩时，妈妈高兴地对春春说："你真棒，相信我儿子以后会越来越棒。"

在妈妈的赞美声中，春春的一切都变得越来越好。

著名教育学家陶行知说："没有夸奖就没有教育。"每个人都有被夸奖的需要，孩子更是如此。但有些父母担心孩子会产生骄傲情绪，对夸奖孩子总是相当吝啬。当孩子把一幅刚画好的简笔画放到父母面前时，当孩子帮助别的同学时，当孩子自己洗了一件衣服时，有些父母不但不夸奖孩子，反而挑三拣四，不是嫌画画得不好看，就是嫌衣服洗得不干净，或是认为帮助同学是每个孩子应该做的事。没有了父母的夸奖，还能保证孩子会有如此良好的行为吗？

"你为孩子喝彩，孩子会给你一个又一个惊喜，你说他不如别人，他会用行动证明他真的很笨。"这是知心姐姐卢勤对父母们的忠告。很多父母不喜欢夸奖自己孩子的原因是认为夸奖是不谦虚的表现。其实，这种想法是多余的。夸奖孩子是一种正向的沟通方法，这种方法能帮助孩子树立自信，让孩子产生上进的力量。身为父母，我们不应该让孩子因为我们所谓的谦虚而缺少必要的鼓励。

夸奖固然重要，却也需要技巧。

首先，夸奖孩子要及时、准确、适度。当孩子做了好事，最好当时对其进行夸奖，但不要夸大事实。过度的夸奖，不但对孩子起不到鼓励作用，还有可能会使孩子变得虚荣、骄傲，对孩子有百害而无一利。

其次，夸奖不能敷衍了事。孩子虽小，但他们却比成人还要敏感，他们能从父母的脸上捕捉到任何细小的信息，一旦他们发觉父母是在应付自己，他们便可能放弃再次做出良好行为的努力。

当父母及时肯定孩子的良好行为时，带给孩子的是乐趣和喜悦，在良好的情绪影响下，孩子才能复制良好的行为并再接再厉。

成长点读

> 夸奖孩子不能浅尝辄止，更不能笼统模糊，而应对其优点和进步的细节给予肯定，使孩子明白自己好在哪里、棒在何处。

给孩子一次发泄的机会

志强很好强。虽然爸爸妈妈从来没有对他做出过多要求，但他什么事

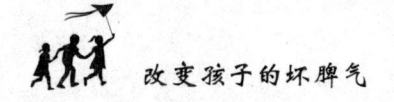

都不愿意输给别人。

一天，学校开运动会，很多家长受邀参加，志强爸爸很早就来到了学校。

体魄一向健壮的志强参加了好几个比赛项目，其中一项是接力跑。在接力跑中，志强遇到了一个强劲的对手，那是隔壁班的一个体魄同样健壮的男生小刚。在其他比赛项目中，二人都曾狭路相逢，但最后都以志强的微弱胜出而告终。

在这场比赛中，志强对胜出很有信心，于是他肯定地让爸爸准备回家给他庆祝运动会的"大满贯"。

随着发令枪声响过，参赛的同学都箭一般冲了出去。志强所在赛道的同学则遥遥领先。当跑最后一棒的志强从第三名同学手中接过接力棒后便全力往前跑。但不知什么原因，快到终点时，志强一个趔趄摔倒在地，当他爬起来时，同样跑最后一棒的小刚已冲过了终点。最后，虽然志强坚持跑到了终点，心里却像打翻了五味瓶。

在回家的路上，虽然爸爸一直安慰志强，但志强一声不吭。爸爸从车的后视镜发现坐在后座的志强紧咬着唇，眼泪在眼眶里打转。

"儿子，想哭就哭出来吧，一次失败又算得了什么呢？"

听了爸爸的话，志强不由"哇"地哭出声来。

孩子乱发脾气，有时是因为在心里聚积了太多的负面情绪。孩子年龄小，无论有多坚强，有了负面情绪便需要发泄出来，如果不发泄便会在心中积聚，当负面情绪积聚到一定程度，便会对孩子的身心健康造成危害。例如，过度的压力或刺激会使孩子产生失望、焦虑和恐惧心理。

然而，有的父母，面对孩子的发泄，不是批评就是堵截，强令孩子控制住情绪。如果孩子长期处于这种管教下，很容易造成人格方面的病态发展。所以，当孩子受了委屈，尤其当孩子情绪几近失控时，父母不妨像上例中的志强爸爸学习，给孩子一次发泄的机会。

如果条件允许，父母可以在家里布置一个"发泄角"。例如，家里有女孩的可以买块纤维板放在"发泄角"，专供孩子张贴涂鸦作品，实验证明，女孩喜欢用涂鸦的方式来消解愤怒的情绪。家里有男孩的可以在"发泄角"练习跑步上篮或是投掷飞镖。

当孩子有了负面情绪，我们可以鼓励他们奔跑或是大叫，当然，最好我们能陪伴孩子一起跑或叫。在林荫小路上快速奔跑，把心中的不快通过喊叫的形式宣泄出来，心中便会畅快很多。

当然，孩子在发泄过后，我们一定要记得伸开双臂拥抱他，让发泄之后的孩子感受到爱与亲情的注入。

成长点读

告诉孩子：找一个没人的地方大声喊叫发泄内心的积郁，或是找一些自己喜欢的运动让自己出一身大汗来放松自己的心情。

让孩子拥有自己的秘密

小宁今年十岁了，上小学三年级。无论在家里还是在学校，小宁都是大家公认的好孩子。例如，小宁孝顺父母，乐于助人，自己的事情自己做，很少和父母耍小脾气，更不用说暴跳如雷了。但是，正是这样一个人见人爱的孩子却有一个不为人知的小毛病——尿床。当然，小宁也并非经常尿床，只是偶尔控制不住。

一天，小宁的同学放学后随小宁一起来家里玩。两个孩子玩得很开心，

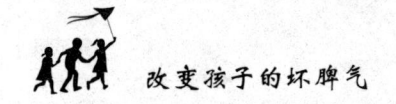

一会儿玩溜溜球，一会儿折纸飞机。看到两个孩子玩得满头大汗，妈妈忙端过来两杯果汁，把一杯满的递给小宁的同学，少的一杯递给小宁。

小宁噘着嘴，不满地对妈妈说："妈妈，为什么我的只有半杯，而洋洋的却是满杯的？"

妈妈看了一眼洋洋，又看了一眼小宁，然后笑着说："那是因为我担心你还像昨天晚上那样尿床啊。"

听了小宁妈妈的话，一旁的洋洋早已笑得弯下了腰，小宁先是满脸通红地站在原地，然后把还没有喝的半杯果汁递给妈妈，哭着跑进了自己的卧室。

秘密是人们掩藏在内心的、隐蔽的、神秘的空间或想法，所有人都不希望把自己的秘密与他人分享。既然是所有人，自然也包括年幼的孩子。

在成年人看来，孩子是没有隐私的，甚至认为孩子的一切都应与父母分享。这种思想是完全不对的。美国心理学家克里斯蒂·亚历山大说过："就算是年龄很小的人，有时也需要一些私人空间，他们也是有隐私的。"在孩子很小的时候，很多家长都会提醒孩子要保护好自己的隐私部位，恰恰忽略了孩子的隐私不仅是对外人的隐私，也是对父母的隐私。随着孩子生理和心理的逐渐成熟，他们的隐私意识越来越强烈，而对于孩子来讲，有秘密则意味着他的自我意识的成长。

所以，作为家长，应该理解日益长大的孩子在心理发展上本来就具有封锁性的特点，允许孩子拥有自己的小秘密。

培养孩子的隐私意识。给孩子讲一些隐私方面的知识，或是找一些课外读物让孩子自己读，增强孩子的隐私意识。让孩子在成长的过程中拥有属于自己的一部分空间，这样更有利于孩子形成独立的个性，形成健康的人格。

让孩子拥有"秘密空间"。孩子的"秘密空间"可以是一个狭小的角落，一棵老树下，一片砖瓦旁，只要没有危险，便不要加以限制，也不要随便进入。很多时候，这个"秘密空间"就是孩子的"心灵寄存处"。

不要对孩子的秘密"严刑逼供"。很多父母对孩子的秘密有着好奇心，非要逼孩子说出来。面对父母的咄咄逼人，孩子往往会情绪失控，即使他们把秘密说出来，也是心不甘情不愿。久而久之，父母再与孩子沟通便会出现障碍。

成长点读

孩子希望有自己的空间，并不代表他们藏有某些"不可告人"的秘密，他们只是希望能够得到别人的尊重。

不要给孩子开"空头支票"

十岁的东东是个留守儿童，平时跟爷爷奶奶在村里生活。父母在他很小的时候便到大城市打工，只有过年过节才回家。随着东东年龄的增长，他越来越渴望父母的陪伴和关爱。东东这次跟父母分别的时候反应格外强烈。东东的父母也感觉出孩子的变化，但为了生活，他们不得不再一次抛下孩子。

为了安抚孩子，东东妈妈便随口对东东说："你在家好好听奶奶的话，下次爸爸妈妈回来给你买遥控汽车。"

听了妈妈的话，东东慢慢松开了手，问道："下次回来真的会给我买遥控汽车吗？"妈妈伸手给东东擦了擦眼泪，笑着点了点头。从此，东东便每天都期盼着父母回家。终于，春节到了，东东早早在门口迎接爸爸妈妈。可是，当东东向妈妈要遥控汽车时，妈妈傻眼了。当时为了哄孩子不哭随口许下的承诺她根本没放在心上，完全没想到孩子竟然惦记了这么长时间。

妈妈觉得对不起孩子，在进城置办年货时，便顺便给东东买了件之前东东特别喜欢的衣服。

回家后，妈妈将衣服递给东东，东东接过妈妈递来的衣服，脸上没有任何表情，转身回到自己房间，妈妈这才松了口气。见东东好长时间没有出来，妈妈便推开房间的门，看到眼前的一幕，她不禁愣在了原地。东东竟然用剪刀将衣服剪了个粉碎。看着孩子冰冷的目光，妈妈忍不住哭了起来。

在现实生活中，很多父母为了给孩子增加一些做好某些事情的动力，会向孩子许下承诺。例如，如果孩子能考多少分就会满足孩子一个什么愿望。而当孩子考取了父母期待的分数时，父母却找各种理由来搪塞，以不兑现自己的承诺。其中，父母向孩子抛出的"诱饵"便是"空头支票"。"空头支票"虽然对孩子充满诱惑，但是如果父母老是开"空头支票"，让孩子一次一次地上当，孩子便会在心中累积怨气，甚至会威胁到亲子间的和谐关系，降低对父母的信任度。

中国古代的曾子，为遵守对孩子的承诺而杀猪，这便是对孩子最好的教育。我们不是曾子，但为了我们的孩子能够成长为一个人格健全的人，我们同样要遵守对孩子的承诺，否则，上行下效，孩子长大后也会言而无信。

作为家长，我们不能向孩子胡乱承诺，承诺前一定要仔细想一想我们是否能兑现承诺，如果不能，就不要轻易开口；如果能，我们则可以放心大胆地向孩子承诺。大部分父母不能履行诺言并不是存心欺骗孩子，有的是工作忙把许诺的事忘记了，有的则可能是记错了兑现的时间……但不管哪种原因，既然许下诺言，便一定要兑现，且一定要在有效的时间内兑现。

如果因不可抗拒的力量不能兑现对孩子的承诺，一定要积极主动地向孩子说明原因，并诚恳地向孩子道歉，以能取得孩子的理解和原谅。

第五章

给予信任，相信孩子比什么都重要

> **成长点读**
>
> 没有信任就没有威信，父母失信于孩子，孩子就很难服从管教。父母应像与成人交往一样认真对待与子女之间的相互承诺。

爱屋及乌，信任孩子的朋友

蓉蓉是个性格开朗的孩子，她身边聚集了很多朋友，几乎每个人喜欢与她做朋友。

一天，蓉蓉回到家中，对妈妈说："妈妈，今天我们班来了一名新同学，我感觉这个新同学很好，我能和她成为朋友吗？"

妈妈笑着对蓉蓉说："交朋友是好事啊，妈妈怎么会反对呢？妈妈真高兴，蓉蓉又多了一个朋友。你能告诉我你的这个新朋友叫什么名字吗？"

听妈妈这么一说，蓉蓉不禁打开了话匣子："她叫依依，她家好像就在我们家附近，她说她会每天来找我，我们一起去上学……"

"能有个朋友和你一起去学校真好，但是，女儿，你了解你的新朋友吗？"妈妈问道。

蓉蓉像是谈一个老朋友一样又谈起了依依："听说她父母离了婚，她现在和奶奶一起生活，她家里好像很穷……"

听了蓉蓉的话，妈妈沉默了一会儿，在她看来，很多单亲家庭孩子的性格比较孤僻，她内心是不希望蓉蓉与单亲家庭的孩子做朋友的，她担心蓉蓉会受其影响，但她又担心蓉蓉会因失去一个朋友而闹情绪。

"蓉蓉，依依爸爸妈妈离了婚，她一定比较孤单，你明天可以邀请依依来家里做客，让我们多给她一些家庭的温暖。"妈妈对蓉蓉说。

蓉蓉高兴地拉着妈妈的手说："妈妈你真好。"

塞万提斯说过："以好人为友者自己也能成为好人。"人们常将良师、益友相提并论，由此可见，好朋友是人生中珍贵的财富。父母都希望自己的孩子能与优秀的人交朋友，而远离品行恶劣的人。于是，很多父母总是宁愿去相信自己的人生阅历，把子女的思想视为不成熟，以自己的视角去揣测孩子的朋友，甚至以自己的喜好去干涉孩子交朋友。这时，孩子往往会因父母的强势而耍些小脾气，殊不知，父母的这种做法等于一步步把孩子逼向孤岛，当孩子把自己困于孤岛上，孩子与父母之间便形成了一道坚不可摧的障壁，父母再想走进孩子内心难于登天。

父母都是爱孩子的，担心孩子交友失慎的心情是可以理解的，但如果父母能站在孩子的角度思考问题，便会发现，孩子间交友并不像成人那么复杂，孩子能交到什么朋友完成取决于孩子本身，如果孩子诚恳善良，他身边自然不缺良朋。所以，父母与其担心孩子交到损友，不如费点心思去提高自己孩子的魅力、分辨力或判断力。只有孩子拥有了自己的朋友，他才会拥有健康的人格，有了朋友，孩子是快乐的，父母也是快乐的。

对于孩子已经交下的朋友，父母要尊重和信任，不要有成人先入为主的偏见，更不要摆出拒人于千里之外的姿态。

> **成长点读**
>
> 缺少或没有朋友的孩子，其内心势必会产生对友谊的极其渴望，于是，行为上的孤僻与内心的渴望便会造成孩子性格上的扭曲。

第六章 减少唠叨，真诚地倾听孩子的心声

孩子也会有不顺心的事，也有感到委屈的时候。所以，他们和成人一样，不但需要被赏识和被理解，还需要倾诉。如果家长能仔细聆听孩子的倾诉，并能正确地进行疏导，孩子便能健康快乐地成长。

做自己孩子的忠实粉丝

梅梅小时候非常胆小,她喜欢跳舞、唱歌、画画,但她除了父母以外从来不敢在他人面前表演。在梅梅上小学三年级的时候,"六一"儿童节前夕,学校计划举办一台小型的晚会,演员则是各班的学生。

梅梅回到家说起这件事的时候,妈妈建议她报名参加,梅梅又是一口拒绝:"我不想去。"

"你不是最喜欢唱歌跳舞吗?难道这不是一次表现的机会吗?"妈妈试着问梅梅。

"那么多同学,要站在台上跳,我……我有点儿害怕。"梅梅犹豫着说。

妈妈鼓励梅梅:"孩子,不要害怕,你是一个勇敢的孩子,你可以表演一个最拿手的节目,就像在家里表演一样,你看好吗?"

"好吧,但是,"梅梅也想做一个勇敢的孩子,"爸爸妈妈要在台下看我表演好吗?"

妈妈见梅梅答应了,高兴地说:"梅梅的第一次表演,爸爸妈妈当然是啦啦队员了,难道你不知道爸爸妈妈是你的忠实粉丝吗?"

儿童节那天,梅梅第一次在全校同学面前表演,看起来很紧张,但当她看到台下不断向自己挥舞着手臂的爸爸妈妈,便鼓足勇气,高声唱了起来。唱到动情处,她还与台下的同学互动起来,俨然一个小歌星。

第六章
减少唠叨，真诚地倾听孩子的心声

孩子身上寄托着父母无限的梦想和希望，父母把自己全部的爱都给了孩子，于是，很多父母在孩子的事情上，事无巨细都会加以干涉，或是指指点点，或是唠唠叨叨。这些父母正是打着爱的名义做着伤害孩子的事。

某机构做过的一份调查显示，几乎所有孩子说自己的父母喋喋不休。的确如此，大部分父母希望孩子能认真倾听自己所谓的"教诲"，而没有反思过自己是否也在认真倾听孩子的心声。当孩子一遍又一遍地向父母表达他们的意愿时，有的父母会觉得厌烦，甚至勒令孩子"别吵"。而有的父母则见不得孩子哭泣，孩子一哭便赶紧哄劝、安慰，甚至为了不让孩子哭泣而满足他们的一些无理要求。如果孩子一哭就去百般哄劝，会让孩子误以为可以用哭闹"换取"父母的妥协。以上父母的两种做法，都是不可取的。

孩子的成长需要一个过程，在这个过程中，孩子从"孤家寡人"到朋友众多，但无论孩子身边围绕着多少朋友，他都会把父母放在第一位。所以，身为父母要以此为荣，同时，也要当好孩子的忠实粉丝。

当好孩子的忠实粉丝，就不要嫌孩子烦，尤其不要压制孩子说话的欲望，相反，要创造让孩子说话的氛围。同时，每天要抽出时间陪伴孩子并赏识孩子，帮助孩子而不是干涉孩子，宽容孩子而不是指责孩子。做孩子的忠实粉丝，父母才会有更多的耐心和爱心，孩子自然也会在爱的滋润下快乐成长。

> **成长点读**
>
> 父母要多读点书，多了解前沿科技，多懂点电脑，与时俱进，让知识丰富起来，以找到孩子感兴趣的话题。

引导孩子合理释放情绪

"妈妈，我实在受不了了，明天我就去和东东打一场架。"放学后刚放

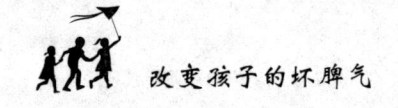

下书包的北北便气呼呼地对正在做饭的妈妈说。

妈妈放下手中的活儿，拉着北北坐到沙发上，关切地向儿子询问到底怎么回事。

"是这样的，妈妈。前几天课间我和东东一起做游戏，我不小心踩了他的脚，我又不是故意的，他竟然用力把我推倒在地。昨天，我们班体育课，他竟然用篮球砸我的头，当时我强忍住没发作。今天到学校我问东东为什么用篮球砸我，他说是为了报复我踩他的脚。真是气死我了。说什么我都不能再忍了，明天到学校我一定去找他理论。"北北越说越生气。

妈妈没有说话，而是拿来纸和笔："儿子，你学过画画，你现在把东东的脸画出来，妈妈看看东东到底像不像一个坏孩子。"

北北虽然不明白妈妈的用意，但还是照着妈妈说的，在纸上画起了东东。第一次，他把东东的外貌画得相当丑陋，并且用笔恶狠狠地在画的脸上乱戳。

"真的有这么难看吗？我看天底下没有比这再丑陋的人了吧。"

听了妈妈的话，北北又画了起来，这一次，他画的东东不再面目可憎，他也没有那么生气了。

"这次画得好多了，但还是有点差强人意，再画一次吧，儿子。"

最后一次，北北笔下的东东可爱极了，像一个久违的朋友。北北竟对着自己的作品笑了起来。

看到儿子不再生气，妈妈语重心长地对北北说："儿子，你虽然是无意踩到了东东，但他也可能是无意砸到了你。你怎么知道他是有意砸你的呢？"

在孩子的成长过程中，他们喜欢把自己的成功分享给父母，同时希望父母能分担他们的痛苦。但是，很多父母只想从孩子那里听到所谓的"好消息",不愿听到"坏消息",于是,只要孩子一发脾气,他们便会火冒三丈,动不动就打骂孩子。久而久之,孩子有什么事便不再与父母说,而是憋在心里,甚至做出一些过激的行为,例如乱发脾气。所以,当孩子有了负面情绪时,父母要加以引导,帮孩子把负面情绪释放出来。

给孩子一个释放情绪的空间。当孩子出现负面情绪时,父母要做的第一件事不是厉声制止,更不是做出各种承诺,而是给孩子创造一个发泄的机会,让孩子尽情释放他们的愤怒和不满情绪。

明确规定行为底线。要给孩子分析他们这种行为的利弊和后果,如他们能得到什么、失去什么等。人的潜意识能保护自身向有利于自己的方向行事,所以,当孩子明白了这些便会知道该做什么、不该做什么。

不管孩子处在哪个年龄段,既然他是孩子,便喜欢玩玩具。当孩子有了负面情绪时,父母不妨拿一个孩子最喜欢的玩具让孩子将自己的不开心讲给它听。当然,父母也可以坐下来充当听众。当孩子把自己的不愉快倾诉出来后,坏情绪便会慢慢纾解。

处理消极情绪的办法还有很多,如镇静法、转移法等。其中,转移法可以是看景色、听歌、运动、做自己喜欢的事情等。

> **成 长 点 读**
>
> 　　家长应该尽量不要跟孩子说"你那样做,妈妈很生气""那样做,妈妈不喜欢"之类的话。可以生气,但不应该总拿自己的情绪来管教孩子。

守护孩子做梦的权利

一个周末,爸爸妈妈正坐在沙发上看电视,生生兴高采烈地跑了过来:

"爸爸妈妈,我想好了,我将来要当一个作家……"

生生可能还想往下说,但看到妈妈欲言又止的表情,便立刻打住话头。

"儿子,我记得你前天对我们说你的梦想是当一个翻译家,怎么只过了两天就改变梦想了呢?"爸爸笑着打趣生生。生生并不理会,只是嘻嘻地笑个不停。

"是啊,儿子,你的梦想可真多,我记得你曾想当设计师,想当军人,想当科学家,想当歌唱家,好像还想当……实在是太多了,妈妈都记不起来了。你理想中的大学也一变再变,从浙江大学到北京大学,再到香港大学……"妈妈见生生被说得有些不好意思了,便打住了话头,拍了拍生生的肩膀,"不过,孩子嘛,为什么不能拥有多一些的梦想呢?儿子,妈妈支持你。"

妈妈说完,把头扭向生生爸爸的一侧,爸爸也附和着说道:"儿子,爸爸和妈妈都支持你,爱做梦的孩子才会离梦想越来越近,不是吗?"

"谢谢爸爸妈妈,你们放心,我一定会实现其中的一个梦想的。"生生稚气的小脸上写满了幸福。

孩子年幼,见识自然浅薄,往往是见到新鲜事物便把之前的抛之脑后,这是再正常不过的现象,父母们不必为此而烦恼,纠结孩子的朝三暮四。每个孩子都爱做梦,有些梦想在成人看来荒唐至极,但这又何妨呢?年少的孩子就不能随心所欲地编织自己的梦吗?哪怕他们的梦想与他们未来的生活毫无关系,那也是他们的权利,正因为有梦想,他们的成长道路才会多姿多彩,才会欢歌笑语。

而作为父母的我们,面对孩子的梦想,即使它脱离现实、虚无缥缈、毫无用处,也不要嘲笑,不要打击,而是要守护。孩子儿时的梦想,就犹如一粒种子播种在他幼小的心田,父母作为孩子梦想的守护者,要对这粒种子"科学"呵护，要让孩子知道，他的梦想一直被父母予以尊重。有了父母的陪伴，孩子梦想的种子才会发出更美的新芽。

如果条件允许，我们可以为孩子的梦想塑造良好的生长基础。例如，如果孩子的梦想是工程师，当我们买不起昂贵的乐高模型时，我们可以带孩子寻找物品"废物利用"；如果孩子的梦想是天文学家，当我们买不起高倍数的望远镜时，我们可以陪孩子仰望星空；如果孩子的梦想是舞蹈家，那他总要面对劈叉下腰带来的疼痛，我们便可以在孩子坚持不下去的时候鼓励他们……总之，在孩子实现梦想的过程中，父母温柔的眼神、厚实的臂膀与坚定的鼓励，都是孩子梦想的剑与盾，有了父母的支持，孩子才能向着心中的梦想昂首前进。

成长点读

> 父母可以鼓励孩子将自己的梦想写在纸上并张贴在家中醒目的地方，孩子每天抬头就能看见"梦想"，会更有前进的动力。

坐下来，多陪孩子聊聊天

今天南南家里来了客人，大人们到了一起，聊得最多的就是工作和家庭中的事，有时还会聊到孩子。

"唉，我最近烦透了，工作上特别不顺，听说我们单位下半年要裁员了，我很可能在裁员范围内，所以我现在天天加班加点，担心领导找我麻烦。"妈妈一边叹气一边说，"我们南南也不让我省心，以前挺开朗的，最近好像变了个人似的，我忙着公司的事也顾不上她，但我询问过她的老师，老师说她在学校表现挺好的，你帮我分析分析，这到底是怎么回事？"

来家里的客人正好是一名中学教师，她笑着对南南妈妈说："'到底是

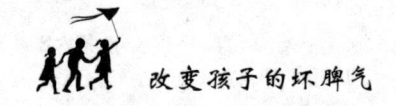

怎么回事'这个问题你应该去问南南而不是问我，你问过她吗？"

妈妈说："我问过她，但她不说。"

"能和我说说你是怎么问她的吗？"客人问。

"虽然工作太忙，但我好几次在送南南上学的路上问过她。"

听完妈妈的话，客人笑着说："我看你还是坐下来和她聊聊吧。工作固然重要，但是孩子的成长过程只有一次，你对孩子敷衍，她也会对你敷衍。"

听完客人的话，南南妈妈似有所悟。

和南南妈妈有同样困惑的父母有很多：孩子不愿意与自己沟通，甚至会疏远自己。这到底是谁的原因呢？问题并非出在孩子身上，而是出在父母身上。

每个父母都是爱孩子的，所以努力工作，想给孩子提供最好的学习环境和生活环境。孩子固然需要良好的生活环境和学习环境，但他们更需要父母的陪伴。小的时候，父母们的确总是会欣喜地迎接孩子的牙牙学语，每当孩子嘴里蹦出一个新鲜词汇，父母便会兴高采烈，只要有机会就和孩子说个不停。但当孩子长大后，父母的态度来了个一百八十度大转弯：如果孩子在吃饭时或者睡觉前多说几句话，便会呵斥孩子"别那么多话，赶紧吃饭，吃完了写作业去""别说了，早点睡，明天还得上学呢"……有些时候，父母可能会认为孩子在学校有老师和同学陪同并不孤单。其实，在学校，老师通常要面对很多学生，和孩子之间多是测试型、填空式的"谈话"，很难达到交流的目的。孩子虽然与同学也有交流，但是他们之间的交流会受到很多方面的制约。总之，孩子在学校获得的谈话机会少之又少，所以，当孩子回到家，父母一定要坐下来，多陪孩子聊聊天。

和孩子多聊聊天，才能及时捕捉孩子的思想动态，帮助孩子快乐地成长。当孩子和父母聊他一天中经历了什么，周围发生了什么事，脑海中思考着什么，父母才可能在孩子需要帮助的地方为他们提供切实的帮助。需要注意的是，在和孩子聊天的时候一定要全神贯注，不要因为他是一个孩子而敷衍他、轻视他。当父母把自己摆在听众位置上，允许孩子说出自己的想法和感受时，孩子会觉得自己被尊重和被理解，他们会越来越愿意表达。

> **成长点读**
>
> 家庭对话重在心灵养护，重在气氛，训诫越少越好。每天和孩子聊天、讲心事的过程，也是对孩子进行价值观植入的最好机会。

冷静，学会做一个沉默者

可能是因为家里就只有果果一个孩子，果果养成了乱发脾气的习惯，而且脾气特别大。

一天，妈妈正在厨房里做饭，听到客厅里传来"哗啦"一声巨响，便急忙跑过去看看究竟发生了什么事。原来，果果写作业时想喝水，奶奶因为腿脚不灵便拿水稍微慢了点儿，谁知，当奶奶把水放到果果书桌旁时，果果竟生气地把水杯直接扔到了地上，水杯被摔了个粉碎。

看到果果这般模样，妈妈上去拍打了果果几下："奶奶给你倒水喝，你应该感谢奶奶，你怎么能这样对奶奶呢？"

果果也不甘示弱："不知道我快渴死了吗？她为什么不快点儿给我倒水来？"

妈妈见果果不可理喻，气得回到了厨房，顺便把奶奶拉回了自己的房间。

果果还在大吵着要喝水，见没有人给自己拿水来，声音逐渐小了下去，最后，他不得不自己去倒水喝。

第二天，果果又因为看动画片和爷爷抢电视看，见没有他喜欢的动画片又发起了脾气，这次，谁也没有理会果果，都干着自己手中的活儿。

果果走到妈妈身边，想和妈妈说话，妈妈用余光瞥见走近的果果，但没有抬头。果果又走到爷爷身边，爷爷嘴里说着"困了"便眯上了眼睛。

果果见没有人理会自己，便放下遥控器回了自己的房间。

当孩子乱发脾气时，很多家长便会呵斥孩子停止哭闹，甚至加以威胁，"如果你再发脾气我可就……"殊不知，在这样的威慑下，孩子即使停止了哭闹，也是心不甘情不愿。有的家长深知这样做的危害，便顺从孩子的意愿，让孩子认为只要自己发脾气便能如愿以偿，于是，下次还会采取这种方式。有的家长则克制住自己马上要发作的脾气，尽量心平气和地和孩子讲道理。这种行为是可取的，但孩子年龄小，有时候，和他们讲道理是讲不通的。这时，保持沉默不失为一种处理孩子问题的好方法。

每个孩子都是聪明的，他们在犯错后对自己的错误会有所觉察，如果父母"讲道理"能讲到点子上，孩子自然会有种"醍醐灌顶"的觉悟，但如果能由孩子自己认识到错误则最好不过了。

保持沉默也叫"冷处理法"，在使用冷处理法时，一定要态度坚决，说不理就不理，否则孩子会变本加厉。当孩子发脾气时，他的目的无非是想引起周围人的注意。这时，如果我们转身离开，能做到置之不理，也不要做出任何举动，孩子往往也会安静下来。当孩子的脾气消退下去，我们再来与他讲道理，并且明确告诉他父母不会因他的哭闹而"就范"，让他认识到自己的错误，以后，这种行为发生的次数便会减少。例如，当某个孩子说脏话时，父母可以当作没听见，几次之后，孩子觉得没趣自然就不说了。

> **成长点读**
>
> 适当的沉默可以让孩子自省,家长如能恰如其分地运用沉默艺术,往往能给孩子传达出难以言表的信息,起到"无声胜有声"的教育效果。

允许孩子指出父母的错

陈宇最近物色到了一个"帅气"的书包,他让爸爸给他买书包时遭到了爸爸的拒绝。没有满足愿望的陈宇顿时发起了脾气,摔门进了自己的房间。

过了一会儿,爸爸推门进入陈宇的房间,严肃地对陈宇说:"儿子,爸爸想和你谈谈你最近的表现。"

正生气的陈宇虽然很不情愿,但他还是扭过头来:"你说吧,爸爸,我听着呢。"

爸爸坐到陈宇对面,语重心长地对儿子说:"我和你妈妈是你的长辈,我们是给你生命和养育你的人,你怎么能因为一个书包对爸爸大发雷霆呢?而且,我发现你平时对你妈妈也经常是大喊大叫的。"

在爸爸说话时,陈宇几次想打断他,看到爸爸终于说完了,便抢着说:"爸爸,我是学你的呀!"

"什么?"爸爸显然没有听懂。

陈宇接着说:"你每次对爷爷奶奶都是呼来喝去的,有一次,你向奶奶发完脾气后我看见奶奶偷偷地抹眼泪呢。爷爷和奶奶不也是生你养你的人吗?"

陈宇的话让爸爸顿时矮了一截,爸爸红着脸对陈宇说:"对不起,儿

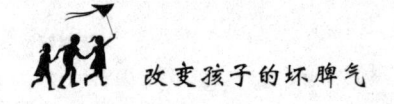

子，爸爸没意识到自己也犯了同样的错误。爸爸对爷爷奶奶发脾气当然是爸爸不对，我们一起改正好吗？如果你以后发现爸爸再犯别的错误，可要给爸爸指出来呀。"

父子俩拉钩为誓，约好相互监督。

在教育孩子的过程中，我们总习惯于盯着孩子的缺点，好像孩子做什么事都是错误的。然后给孩子指出一种自己认为适合孩子的做法，美其名曰"一切为了孩子"。其实，父母的这种做法多半是为了显示自己的大家长权威，把自己放在至高无上的位置，对的是自己，错的是别人。

而事实上，人无完人，父母也有犯错的时候，有时甚至比孩子犯的错还要多、还要严重。但出于家长的地位，在孩子面前，父母自己从不肯承认犯了错。父母的这种有错不改的做法对孩子的成长有着不利的影响。面对自身的错误，父母要虚心接受孩子的批评，要意识到，犯错误并不是一件有损威信的事，相反，勇敢接受孩子的批评才能赢得孩子的敬重。就像上例中的陈宇爸爸一样，他意识到自己的错误，欢迎陈宇指出，然后约定和陈宇一起改正。爸爸的这种行为为陈宇树立了一个"知错就改"的榜样，这种光明磊落必定会使亲子关系更加和谐。

"三人行，必有我师。"其中的"师"不仅包括成人，还包括孩子。对于孩子的批评，父母要放下架子，虚心接受，深入反省，立即改正。

此外，当孩子指出父母的缺点时，父母还要真诚地向孩子道谢；如果因自己的错误伤到了孩子，则要向孩子道歉。

成长点读

有些父母非常谨慎，努力做到在孩子面前不犯错。事实上，父母大可不必紧张，父母犯的错正好可以用来教育孩子，让孩子能够引以为戒。

第七章　默默守护，爱是给孩子最好的教育

苏联教育家捷尔任斯基说："谁爱孩子，孩子就爱他，只有爱孩子的人，才能教育孩子。"教育需要爱，也要培养爱。真挚的爱是开启孩子心扉的钥匙，爱，是给孩子最好的教育。

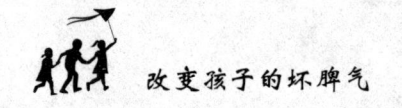

父母的微笑是治愈孩子最好的良药

明明小时候是一个活泼好动的孩子,他的爸爸妈妈为人处世都很随和,所以明明生活得很幸福。随着明明的出生,爸爸妈妈对明明没有那样望子成龙的期望,也不期望明明有什么宏伟的业绩,只希望明明能够平平安安、快快乐乐长大即可。

当明明很小的时候,尤其是刚学会走路的时候,对一切都充满了好奇,总喜欢到处乱跑。有一次,在奶奶家,明明发现院里有一口很大的水缸,他又好奇又兴奋,像是发现了秘密基地一样,自己吭哧吭哧地爬上水缸的外沿,看着水里自己的倒影玩耍。结果一个手滑没有抓牢水缸,扑通一声掉进了水缸里。家人听到院子里传来的响声吓了一大跳,赶紧跑了过来,发现了在水缸里挣扎的明明。爸爸妈妈把明明从水缸里捞了出来,看着浑身湿透瑟瑟发抖的明明,爷爷奶奶惊魂未定,刚想训斥明明,却被爸爸妈妈拦住了。他们只是温柔地安抚着明明,脸上挂满了笑容。

一直到明明不再恐惧时,爸爸妈妈才告诉明明刚才这样的行为会有什么危险。明明经历过掉入水缸挣扎的体验,也算长了记性,深刻地理解了爸爸妈妈的教导。从此以后,明明一见到河、井等,总会及时地远远躲开。

微笑着与孩子交流,更容易形成和谐的亲子关系,培养孩子乐观开朗的性格,对孩子长大后的性格及人际关系的处理都起到了深远的作用。科学研究表明，乐观开朗的人健康指数普遍比较高，而且容易长寿。在人的一生中，不可能一帆风顺，难免会有一些低谷，遇到一些困难。微笑的亲子沟通方式，能让孩子在长大后遇到困难时也能乐观面对，内心更加充盈强大。

父母和孩子并非敌对关系，在孩子犯错时，让孩子意识到错误并且改正才是关键。所以，有效的沟通方式能够让亲子关系更加和谐。有些家长喜欢用简单粗暴的方式跟孩子沟通，这种方式不但容易引起孩子的逆反心理，造成亲子关系紧张，还可能导致孩子自卑敏感，而微笑的亲子沟通方式则恰恰相反。

微笑传递着宽容。孩子犯错时，所有人都会疏远他。父母的微笑宽容，会让孩子感受到父母的爱，孩子会变得更加勇敢，而不会因为一点小错误犹豫不前。

微笑能营造轻松愉悦的家庭氛围。家庭是孩子的庇护港，家庭成员之间应该相互爱护、互相支持，家庭氛围应该是轻松愉悦的。当孩子遇到困难或开心时，孩子会第一时间想到父母和家庭，会愿意跟父母倾诉，愿意回家，愿意见到自己的父母。

微笑能让孩子更加乐观地面对挫折。当孩子遇到困难，心情难过时，父母的微笑、家庭的温暖能够成为孩子强大的心理护盾。父母温暖的微笑，胜过千言万语的关心，让孩子内心充满力量，让他们有战胜挫折、乐观面对生活的勇气和力量。

> **成长点读**
>
> 当孩子考试失利、犯错误或遇到挫折时，父母的微笑如同镇静剂一样能安抚他们的心灵，缓解他们的压力。

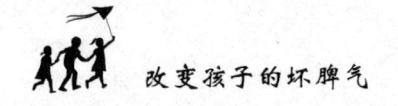

张开双臂,给孩子一个大大的拥抱

有心理学家做过这样一个有趣的实验:

将两个还需要哺乳的小猴子关到一个和外界隔断的笼子里,分别为小猴子制作两个不同材质的"猴子妈妈"。一个猴子妈妈是用柔软的布料制作而成,里面填充了棉花,温暖又舒适,而另一个猴子妈妈用冷冰冰且硬邦邦的铁丝做成。为了做明显的比较实验,对这两个猴子妈妈又分别做了不一样的处理,在铁丝做的猴子妈妈胸前挂上了奶瓶,具有喂养的功能,可以让小猴子随时喝到母乳,而布猴子妈妈则什么也没有,只能为小猴子提供温暖柔软的怀抱。

实验开始时,有趣的现象出现了,两只小猴子只有在饥饿需要奶水的时候才会去铁丝猴子妈妈那里喝奶。当它们都喝饱之后,没有任何停留地奔向布猴子妈妈那里,它们十分依赖布猴子妈妈的温暖怀抱。这种现象让心理学家感觉很有趣,是不是布猴子妈妈可以给小猴子带来安全感呢?

为了印证这个猜想,心理学家对笼子进行敲打让小猴子惊吓害怕,发现小猴子们只会争先恐后地跑到布猴子妈妈的怀里,而不会去铁丝猴子妈妈那里。于是,心理学家拿走了布猴子妈妈再次对笼子进行敲打,这次发现即使小猴子们会害怕地上蹿下跳也不会去铁丝猴子妈妈的怀抱中。

曾经有位教育学专家说:"没有被父母拥抱过的孩子都是有问题的。"这不是危言耸听,一个没有得到过父母拥抱的孩子必定是被父母疏于照顾,经常处于饥饿、寒冷状态的,这样的孩子对周围的人没有信任而言,长期下去便会出现心理发展滞后，甚至心理出现严重缺陷等问题。就如上例中的小猴子，离开了有温暖怀抱的布猴子妈妈便会害怕得上蹿下跳。我们的孩子同样需要拥抱，当父母张开双臂，给孩子一个大大的拥抱时，他脸上洋溢的幸福感就是给父母最好的回报。

拥抱能让孩子感觉到安全感。当孩子遇到让他感觉到害怕的事情时，如果父母在自己的身边，他们会向父母求助：跑到父母身边寻求庇护。如果这时能给孩子一个大大的拥抱，孩子便能缓解恐惧的情绪；如果孩子正在发脾气，父母不是喝止而是默默地把他抱在怀里，孩子的脾气至少会消了大半。

拥抱是对孩子的鼓励。当孩子在某些方面取得成绩时，父母适时地给他一个拥抱，孩子在感觉到快乐的同时，一定会下决心更加努力以取得更优异的成绩；当孩子做错事时，在得到父母的拥抱时，往往会主动承担责任或是及时改正错误。

拥抱是对孩子的安慰。当孩子无助时，当孩子沮丧时，当孩子因委屈而哭闹时，父母的拥抱能给孩子带去最贴心的安慰，让孩子第一时间体会到父母的爱。

一般来说，在父母拥抱下长大的孩子能与父母或他人建立起良好的沟通，正如一位专家所提倡的："孩子需要我们的拥抱、抚摸，这有利于他们心理的健康发展。我建议，孩子让你拥抱，能抱多大就抱多大。"

成长点读

> 眼睛是心灵的窗口，孩子的眼神会说话，且说的都是心里话。善于观察孩子眼睛的父母也能走进孩子的内心。

改变孩子的坏脾气

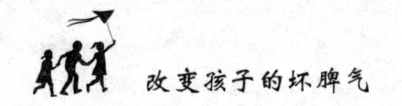

用抚摸找回与孩子的亲密感

彤彤是个脾气很大的小女孩，是天不怕地不怕的"小魔王"，无论在什么时间什么地点都可能会来一个撒泼打滚，令家长头疼不已。彤彤的爸爸也经常因为彤彤任性的性格忍不住发火。但爸爸越发火，彤彤越倔强，几次差点把爸爸气晕过去。但家里有个人能降服彤彤，那就是妈妈。每次彤彤发脾气控制不住的时候，妈妈都能很快安抚彤彤。爸爸想通过打骂管教彤彤，但完全不起作用。妈妈对爸爸说："有时候不一定非要跟孩子硬碰硬，多夸夸她、抱抱她也许更有用。"爸爸对于妈妈的话半信半疑，想着像彤彤这么调皮的小孩，如果每天对她笑脸盈盈，岂不是更无法无天？

一天，彤彤跟着爸爸去超市采购时又发起了脾气，爸爸与彤彤沟通无果后，想到妈妈跟他说的话，于是就效仿妈妈的样子，轻轻地抚摸着彤彤的头，彤彤果然不生气了，情绪也稳定下来。爸爸这才知道自家"小魔王"是吃软不吃硬的性格。以后每次在彤彤想要发脾气时，爸爸就摸摸她的头，或者抱抱她。这种方法在彤彤身上非常有用，她现在性格更加沉稳，不再乱发脾气了。

当我们的孩子在襁褓中时，我们总是习惯把孩子抱在怀里百般怜爱，经常抚摸孩子，想把所有的爱传达给孩子。当孩子长大后，还像小时候求我们抱抱，希望我们给予安慰时，很多父母变得莫名烦躁，"都这么大了，得和爸爸妈妈保持距离了"，结果把孩子越推越远。其实，这样的父母犯了一个认知上的错误，即他们不知道抚摸也是一种高效的亲子沟通。

的确，抚摸也是一种沟通，上例中的彤彤爸爸正是用抚摸与爱发脾气的彤彤实现了沟通，使爱发脾气的彤彤得到了安抚。有人说，亲子沟通是语言上的沟通，的确，语言在亲子沟通上能起到极其重要的作用，抚摸的作用却是语言不能代替的，抚摸能使亲子沟通变得更加畅通，使亲子关系变得更加密切。

在日常生活中，我们经常看到某位爸爸或妈妈亲昵地用手抚摸着孩子的头，孩子则依偎在父母身边，那种幸福感真是让人羡慕啊！当孩子控制不住自己的情绪乱发脾气时，如果父母能及时地用手抚摸孩子，即使孩子脾气再大，他也会试图安静下来。对孩子而言，即使他们有再多的怨气，也不愿意让父母伤心；对父母而言，经常抚摸孩子，不但可以充分释放心中对孩子的爱，还可以减少负面情绪对孩子的影响。

每一位父母都希望自己的孩子成为未来的栋梁，但要想成为栋梁之材，首先要成为一个性格健全的人，而缺少爱的孩子，心理是不健全的，他们缺失安全感，内心脆弱、敏感，动不动就乱发脾气，这样的人是很难成材的。要知道，没有"抚摸"的教育是残缺的教育。轻轻抚摸孩子，给孩子足够的爱，让孩子安静下来，成为我们眼中的天使，不是更好吗？

> **成长点读**
>
> 无论孩子多大，每天给他一个拥抱并对他说"我爱你"，哪怕你觉得这样很做作。慢慢你会发现，孩子与你变得更加亲近，也渐渐与你无话不谈了。

给孩子感知幸福的能力

阳阳今年上六年级，马上就要升初中了，最近作业变得多了起来。吃完晚饭，阳阳一家围坐在沙发上讨论起他的作文题目《幸福》。

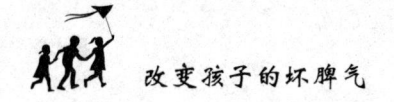

爸爸问："阳阳，你觉得什么是幸福？"

阳阳思考了一会儿说："我觉得不用上课是幸福，没有作业是幸福。"

妈妈说："现在孩子确实负担很重，每天阳阳作业做完都十一二点了。学校应该给孩子减减压，就算不能多放假，少布置点作业也行啊。"

爸爸也表示认同，他说："我们小时候哪有这么多作业啊，放学回家就跟朋友出去玩，现在的孩子别说出去玩了，作业每天都一大摞。"

妈妈说："没有作业的幸福不能写到作文里。除了这个，阳阳，你还觉得什么是幸福？"

阳阳说："我想想，天天吃肯德基是幸福。"

爸爸笑着说："以前缺吃少穿的，过年时能吃一顿肉都觉得幸福。现在条件好了，孩子们吃肯德基、麦当劳都快成家常便饭了。"

妈妈说："是啊，咱们那时候有什么就吃什么。现在的孩子，不爱吃的一点儿也不吃。"

阳阳继续补充道："天天出去旅游，我觉得就是幸福。"

爸爸笑着说："一家人一起出去旅游，真的很幸福。"

妈妈说："其实一家人在一起就是幸福，比吃什么穿什么玩什么更重要。"

很多家长会发出这样的抱怨："为什么我们为孩子付出那么多，孩子却不懂得珍惜？"孩子不知感恩固然与孩子有一定的关系，父母教育不当则是最直接的原因。不知感恩的孩子感觉不到幸福，即使父母给予他们太多的爱。这样的孩子往往不知足，甚至满怀抱怨。而懂得感恩的孩子往往是拥有好性格的孩子，在父母的爱的包围下，他们能感觉到幸福，他们即使发脾气，也不会做出特别出格的事来。

培养孩子感知幸福的能力是父母的义务。让孩子感知到幸福，首先要教会孩子爱自己的家人。父母是孩子的一面镜子，父母相亲相爱，让孩子在一个充满爱的家庭氛围中成长，孩子长大后，自然也会爱自己的家人。一家人其乐融融，自然会快乐幸福。孩子在这样的环境中生活，估计想发脾气也发不起来了。

那么，幸福到底是什么？就如上例中阳阳所说，幸福可以是没有过重的作业负担，可以是每天能吃到美食，可以是经常外出旅游，更可以是妈妈所说的一家人在一起。当然，经常得到父母的鼓励，得到父母的拥抱，得到父母的夸奖也是幸福。只要孩子感觉到开心，他便能体会到幸福的滋味。而要让孩子开心，父母便要尊重孩子，尊重孩子的兴趣，尊重孩子的选择，让他去经历成长道路上应该经历的事情，让他在成长过程中体会到生活的美好。

当然，父母还要从小培养孩子诚实、善良、孝顺的品质，让他得到大家的认可，得到大家认可的孩子才更容易感到幸福。

> **成长点读**
>
> 一般而言，与外界接触越多的孩子性格越开朗活泼，遇事时才会换位思考，从不同角度去观察、探索，去体会不同的生活。

减少离婚对孩子的冲击

莉莉今年八岁，是个性格活泼开朗的小女孩，也是班里的小开心果，老师同学都很喜欢她。但最近莉莉总是坐在座位上眉头紧锁，一副闷闷不乐的样子。刚开始班主任没太在意，直到各科老师反映莉莉存在上课走神的现象，莉莉期中考试成绩也出现断崖式下降。

班主任老师打电话向家长了解情况，才知道莉莉的爸爸妈妈前几天离婚了。班主任老师向莉莉妈妈说了莉莉在学校的表现，莉莉情绪和成绩都受到了父母离婚的影响，希望父母能够及时安抚莉莉，减少离婚对孩子的伤害。

班主任老师在课堂上也特别关注莉莉的状态，课下也经常找莉莉谈心。莉莉哭得很伤心，她问班主任老师："老师，大人为什么要离婚？是因为我不听话吗？离婚后爸爸妈妈还会像原来一样爱我吗？"班主任老师摸了摸莉莉的头，温柔地说道："大人离婚是大人的事，并不是你导致的。无论爸爸妈妈离婚与否，他们都会一直爱你。"说着，班主任老师帮莉莉擦了擦眼泪，莉莉也似懂非懂地点了点头。在班主任老师的帮助下，莉莉脸上的笑容也逐渐多了起来，成绩进步很大，又成了那个班上活泼开朗的开心果。

在一个完整、充满爱的家庭中成长的孩子，在生活中往往更加阳光自信。但是，有些父母因为各种原因不得不选择离婚。对孩子来说，离婚是一件很残酷的事，甚至可能会在他的心里留下一辈子都无法磨灭的阴影。普遍来说，离婚可能会影响孩子的情绪、学习、社交，甚至是自尊心，导致孩子出现行为问题等。例如，有些孩子在父母离婚后可能会经历情绪上的困扰，如沮丧、焦虑、愤怒、无助等。他们会感到失去了安全感，进而对未来失去了信心。

尽管离婚会对孩子造成一定程度的负面影响，如果父母引导得当，也能把离婚对孩子的伤害降到最低。

父母可以向孩子说明父母离婚后未来会发生哪些改变，使孩子理解以后生活的结构与行程，如未来和谁居住、探视孩子的方式、频率等，当孩子感觉到他依然能看到父母的任何一方时，他可能会安心一些。

引导孩子对父母离婚这件事倾诉出其感受，尤其是那些习惯将悲伤或愤怒压在心底的孩子。父母要让孩子明白，虽然父母离婚了，但父母对他的爱并没有改变，相反，父母会更爱他，以弥补离婚对孩子的愧疚。当然，父母也不要因为孩子心灵上受到创伤而百般袒护溺爱，否则，会助长孩子骄横任性的性格。

抚养孩子的一方要尽快调整心态，不要沉湎于痛苦之中不能自拔。积极乐观的心态会感染到孩子，帮助孩子尽快走出心理阴影。

当然，多结识新朋友也是减少父母离婚对孩子伤害的一个有效方法。封闭自我、遇事退缩、不愿和人交往是离异家庭孩子的通病，而多交朋友、和朋友频繁互动则有助于培养孩子乐观宽容的性格。

> **成长点读**
>
> 夫妻离婚之后尽量让孩子生活在以前的环境中，这样能够减少对孩子的伤害。同时要学会和谐相处，避免争吵和冲突，让孩子满意也不至于太伤害自己。

陪伴是孩子成长最好的礼物

小智今年上三年级，原本是个成绩名列前茅的乖孩子，但最近几个月不但成绩一落千丈，还出现了厌学情绪，成了班主任老师眼里的问题学生。对于小智的变化，班主任老师也察觉到了，于是主动到小智家了解情况。

班主任老师经过了解后发现，小智是个留守儿童，爸爸妈妈都去了南方打工，只有爷爷奶奶和小智在家，爷爷奶奶年纪大了，根本管不了小智。班主任老师跟小智谈心时，了解到小智打架、逃学是为了吸引父母的注意，希望爸爸妈妈能够陪伴自己。

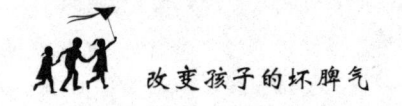

小智的班主任老师给小智的妈妈打电话进行了沟通。

小智妈妈说:"我和他爸爸背井离乡辛苦打工就是为了给孩子更好的生活。"班主任老师说:"现在小智虽然年纪还小,但他有自己的想法,爷爷奶奶很难管住孩子。我也理解您身为父母的苦心,但父母的陪伴才是现阶段小智最需要的。"

经过这次交流,小智妈妈很受触动,于是跟小智爸爸商量后决定回家陪伴小智。自从妈妈回来后,小智的笑容变得多了,成绩也稳步提升,打架逃学的事情再也没有发生过。小智的父母和老师都感到很欣慰。

经常会听到一些父母对自己的孩子说:"我很忙,我要忙着工作,忙着赚钱,忙着给你创造幸福的生活……"这的确是当下大部分父母的心声:一切都是为了孩子,所以,我没有时间陪伴你。而如果深究,这些话可能都是借口,钱和孩子的成长哪个更重要?孩子的成长只有一次,作为父母,我们不应缺席孩子成长的每一个阶段。因为,陪伴是对孩子最好的教育。

孩子从呱呱坠地开始便需要父母的陪伴,缺失了父母任何一方的爱,都可能会给孩子心理造成阴影,特别是在孩子成长的关键期,缺失父母陪伴的孩子很容易出现性格孤僻、暴躁易怒等缺陷。在孩子心中,父母的陪伴是最真挚的爱。无论是陪伴孩子学习,还是陪伴孩子玩耍,都是父母对孩子爱的表达。这种陪伴不仅是身体上的陪伴,更是心灵上的交流和支持。当孩子遇到困难时,父母的陪伴可以给予他力量,鼓励他战胜困难;当孩子控制不住自己的情绪时,父母的陪伴就像是一剂镇静剂,会让他很快安静下来。当然,父母的陪伴还能让孩子感受到家庭的温暖,让他们在陪伴中学会尊重、关爱和感恩。

所以,身为父母的我们不要再为自己找借口,无论有多忙,我们都应该努力腾出时间来陪伴孩子。陪伴可以是一个亲切的拥抱，可以是一次简单的散步，也可以是一次深入心灵的交流。

> **成长点读**
>
> 　　带孩子去吃山珍海味，不如亲手为他做一顿饭；给孩子下载听书软件，不如亲口给他们讲几个小故事；给孩子买更多的玩具，不如动手来个DIY……

第八章　适度放手，
　　　　孩子会给你不一样的惊喜

放手，是一种智慧，是一种升级的教育孩子的策略。当孩子发脾气时，允许他放声大哭；当孩子犯错时，让孩子自己去承担责任；当孩子心情不好时，默默地陪在孩子身边……

多给孩子一些自由的空间

小娟出生在一个富裕的家庭,且是家里的独生女,所以从小娇生惯养,到了小学六年级,生活还不能自理。

小娟的父母认识到自己的教育方式存在问题,他们决定换一种方式教育小娟。只是这次的教育方式走向了另一个极端,把小娟推入了一个深渊。

一次,小娟看中了一个好看的洋娃娃,回家和妈妈要钱买,妈妈没答应。小娟虽然气得躺在地上打滚,但无奈妈妈这次是铁了心不给她买,她只得作罢。还有一次,小娟和爸爸要钱想买一个书包,爸爸同样不给,小娟又是哭闹,但这次她挨了爸爸的一记耳光。

小娟哪里受得了这样的委屈,再加上父母的变化与之前反差太大,什么都管着她,于是,她变得"老实"起来,但一有机会便从爸爸妈妈的钱包里偷偷拿钱去买她喜欢的东西。

终于有一天,父母发现了小娟的偷钱行为,对她又是一顿打骂。从那以后,小娟对父母日渐疏远,最后竟产生了轻生的念头,幸好被及时制止。

上例中小娟的父母正是因为两种不当管教孩子的做法而差点酿成了悲剧。对孩子,我们不能放任,但也不能管得过紧。放任不管,孩子会像长满树杈的小树,永远也长不成参天大树;管得太严,孩子则会如温室中的花朵,禁不起风吹雨打。所以,管教孩子应该松弛有度,给孩子一些自由的空间。

对孩子要学会放手。所有父母都希望自己的孩子有能力，将来能出人头地，但也因此处处不放心孩子，怕孩子"做不好""不会做"，于是，事事替孩子拿主意，事事替孩子出手。这种做法只会阻碍孩子的发展。正确的做法是，家长应像训练冠军一样，放手让孩子去经历一些事情，去解决一些问题，这样孩子才能从中体验到自己的力量。

像对待成人一样对待孩子。随着孩子的不断成长，尤其当孩子进入青春期，生理和思想上都会发生改变。在他们眼里，父母不再是强大、不可抗拒的。这时，父母一定不要拿他们当小孩子看，而应像对待成人那样和孩子平等协商、解决矛盾。

让孩子自己去战胜困难。在孩子成长的道路上，一定会遇到一些意想不到的困难，很多时候，父母会第一个跳出来帮助孩子解决。其实，这正好是锻炼孩子的机会，让他们自己去战胜困难。父母还可以人为地给孩子设置一些困难，培养孩子应对未来的能力和意志。

让孩子自己做出选择。无论孩子遇到什么事，都让孩子自己做选择，即使选择错误也不要马上制止。当然，父母也要明确告诉孩子，要为自己的选择负责。

成长点读

千万不要把孩子与自己的关系定义为"上下级"关系，孩子不是我们的附属物，而是一个独立的个体。

自己的事情让孩子自己去做

云云是个聪明可爱的孩子，老师和同学都很喜欢他。9月云云马上就要上幼儿园中班了。云云妈妈和老师交流时，老师说云云的自理能力与同龄人相比相对较弱，希望家长能够重视起来。

老师说："云云非常聪明，学东西很快，很多知识基本上一学就会。只是生活自理能力有些弱。问题很可能出在了家长的教育方式上。"云云妈妈仔细回想了一下，觉得老师的话非常有道理。云云现在已经四岁了，但是吃饭穿衣还是需要大人帮忙。云云平时是家里的掌中宝，父母对他的照顾也是无微不至，爷爷奶奶更是有求必应。

云云妈妈回家反思后决定亡羊补牢，改进对孩子的教育方式。

当云云不小心摔倒时，妈妈不再第一时间抱起来哄，而是鼓励孩子自己站起来。当云云吃饭时，妈妈也不再喂食，而是让他自己用勺子吃饭。尽管刚开始云云有些不适应，但是在妈妈的坚持和鼓励下，云云的进步飞快，逐渐学会了自己穿衣、吃饭，甚至主动收拾自己的玩具。

在父母看来，孩子对父母天生是有依赖性的。其实不然，孩子的依赖性与父母的包办代替有关。一般来说，父母包办、代替得越多，孩子的依赖性越强。有时孩子乱发脾气、不听话，是其要求独立自主的表现。独立自主是健康人格的重要组成部分。所以，在日常生活中，对有关孩子的事，父母要尽量少包办、少代替，甚至是不包办、不代替，孩子自己的事情让孩子自己去做。

首先，父母要告诉孩子，自己做的事要负责到底。无论孩子表现得好还是不好，不要让孩子觉得自己做的一切是在为家长做，而要让他们觉得是在为自己做。例如，让他们把做作业当成自己的工作，考试成绩不理想时，让他们自己去调解而不是由家长想办法。

给孩子分配一些简单的家务。现在的大部分孩子缺的不是爱而是空间，想要培养孩子的独立性，有时便需要家长们狠下心来。每天，给孩子分配一些简单的家务，例如，要求孩子每天把地打扫一遍。别小瞧我们的孩子，这些家务活儿他们是完全能胜任的。

让孩子为父母打工。不管父母如何放手，孩子的衣食住行是要负责的。这时，父母不妨和孩子订立一个协议，让孩子通过打工的方式来赚取自己的生活费或是一件新衣服等。孩子知道了劳动的不易、挣钱的艰难，便会更加珍惜这来之不易的美好生活。

鼓励孩子尝试新鲜事物。如果孩子想尝试新鲜事物，千万不要因为怕孩子受伤或是其他原因而打退堂鼓，而应鼓励孩子去尝试。例如，孩子想学骑自行车，父母完全可以放手让孩子去户外练习，自己则可以旁观。如果摔跤能换来孩子的技能增长，也是值得的。

成长点读

> 父母应该充当孩子成长道路上的"导航仪"，将自己的一些人生经验或者智慧分享给孩子，让孩子做一些参考，而不是掌控孩子的一切。

千万不要替孩子做太多决定

小孔是一个三年级的孩子，她从小就喜欢按照父母的要求做事，是大人眼里的乖孩子。

一天，小孔妈妈接到了老师的电话，希望她能到学校一趟。放下电话的小孔妈妈立刻来到学校。在路上的时候，小孔妈妈一直在思考小孔究竟做错了什么事情，因为小孔平常十分听话，很少让父母操心。

见到老师后，通过与老师沟通，小孔妈妈了解了事情的大概，原来不

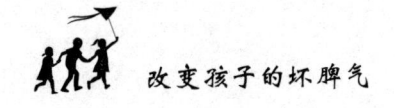

是小孔不听话,而是小孔太听话,做事情没有自己的主见。

"听话不是一件好事情吗?"小孔妈妈问老师。

老师却不这么认为:"确实有很多的家长认为孩子听话是件好事情,平常也教导孩子要听大人的话。但是,太听话的孩子不是没有自己的主见和观点了吗?"

老师一边说一边向小孔妈妈陈述发生的事情:"今天上课时我问孩子们长大想做什么职业,孩子们的回答千奇百怪,有的孩子说想当武警,也有的孩子说想当医生。但是当问到小孔时,小孔的回答就是我今天找你来的原因。"

"老师,小孔是怎么回答的?"小孔妈妈急切地问道。

"他说他需要回家问问妈妈才能回答我。"老师说道。听了老师的话,小孔妈妈感到十分震惊。

"孩子听话确实是件好事,但孩子也要有自己做主的权利,不能像个木偶一样,只会听从他人的安排,不然以后孩子就会缺乏自主能动性。"听了老师的话,小孔妈妈陷入了沉思。

有些孩子事事征求别人的意见,甚至是跟着别人学,他们之所以这样是因为他们希望自己能表现得更好,虽然他们这样做的结果往往事与愿违。孩子的这种表现便是缺乏主见。就像上例中的小孔,做事没有主见,事事都由妈妈做主。这样的孩子长大后多半不会有太大的成就,因为,没有主见的孩子很难成功,甚至很难在这个社会上有立足之地。所以,作为父母,一定要把孩子培养成一个有主见的人。

首先,我们要允许孩子表达自己的想法。孩子虽然年龄小,但他们在一些事情上也有一定的主见,这时,父母要允许孩子表达自己的想法,哪怕这些想法与成人的想法截然不同。如果条件允许，在没有太大危险的情况下，父母可以允许孩子或是陪同孩子实践他们的想法。当用实践证明这些想法是错误的时，孩子便会加以修正并慢慢学会正确判断。

其次，要鼓励和支持孩子正确的观点。虽然孩子们的思想不成熟，但他们却很想自己做主，同时，他们又觉得很没有自信。这时，家长可以鼓励和支持他们的想法，让孩子体验到"胜任感"和"掌握感"，以让他们更健康地成长。

当然，父母千万不要把自己的答案定义为唯一标准答案。面对孩子的询问，父母不要急着给出答案，可以暂时表现出"无知"，或是反问孩子"你觉得应该怎么办"，或者多向孩子提供几个答案让孩子自己选择。总之，切忌直接给出正确答案。

最后，父母一定要为孩子营造一个轻松和谐的家庭氛围，鼓励孩子勇于与父母争论。一般来说，能言善辩的孩子比较有主见。

成长点读

提高孩子明辨是非的能力，孩子做事才会有自己独特的见解而不盲目地随从别人。

适时让孩子吃一点儿苦头

可可是个品学兼优但身体娇弱的女孩，全家人都把她当成掌上明珠，身体稍微有点儿不舒服便请假不去上学。可可则认为自己学习好，请几次假对自己不会有太大影响。

父母的溺爱，再加上她养成了请假的习惯，即使身体没有任何不适，每次上体育课她也会向老师请假，原因是她觉得跑步太累，更不用说参加

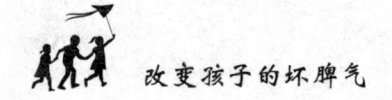

长期的体育锻炼了。由于缺乏锻炼，可可的身体状况越来越差，即使是帮爷爷搬个板凳也会累到大喊大叫。可可变得越来越娇气了。

有一次，可可妈妈和同事聊起这件事，同事笑着说："之前我家孩子跟可可一样身娇体弱，后来，我适当让他做一些家务劳动甚至是他身体承受之内的重活。现在，他是既能吃苦学习又好。"可可妈妈听后，决定也让可可吃点苦头锻炼锻炼。

下班回到家后，可可正好放学，妈妈让可可帮忙择菜，可可却以很累为由推托了。第二天，妈妈下班后并没有立刻钻进厨房做饭，而是在沙发上休息。过了很久，放学后的可可饥饿难耐，却发现妈妈仍在休息，便生气地问妈妈为什么不做饭，妈妈对可可说："妈妈也累，凭什么你累可以休息，我累就不可以休息呢？"

可可被问住了，妈妈趁机说："每个人都有责任，你也应该在自己能力范围内帮助妈妈。"从那以后，可可开始帮妈妈做一些力所能及的家务活。

很多人会说："相较于以前，现在的孩子实在是太幸福了。"的确如此，但幸福的同时，孩子也越来越不能吃苦，遇到困难就向父母求助，如果父母不帮忙解决，便会大哭大闹。

其实，很多父母已经意识到孩子不能吃苦、过于娇气是由平时的娇惯导致，但现在大部分家庭基本是一个孩子，可以说孩子是集一家人宠爱于一身，似乎他们根本没有吃苦的机会。

如果孩子真的没有吃苦的机会，父母可以找一些适当的机会，如上例中的可可妈妈，可以稍微狠下心，让孩子自己处理一些事情，而不是事事替孩子做好。要知道，越是娇气的孩子越任性，他们稍有不满，便会情绪激动，与父母对抗，更有甚者，有的孩子会选择极端的方式报复父母，如离家出走或自杀等。如果真的到了那种地步，父母则悔之晚矣。所以，在日常生活中，一定要适当地让孩子吃一些苦头，培养他们坚强勇敢的性格。

在众多苦头当中，劳动是最直接的方式之一。平时，在家里，父母可以适当偷偷懒，例如，吃完饭让孩子刷洗碗筷，地面不干净了让孩子拖拖地。即使他们刷洗得不干净，也不要代劳。在劳动的过程中，孩子会体会到劳动的辛苦，会更加珍惜美好生活的来之不易，他们的消费观会逐渐改变，他们也会更加感恩。当孩子认识到自己的劳动为父母减轻了负担时，他们也会认识到自己的价值，会增强他们的自信。

如果条件允许，父母可以人为地设置一些小障碍，让孩子自己去解决。例如，孩子不喜欢吃西红柿，可以做一顿西红柿宴，孩子想到如果不吃就会挨饿，很可能就会改掉这个挑食的习惯了。再如，孩子不喜欢运动，父母可以给孩子制订一个计划，每天晨跑半小时，如果达不到要求，就进行惩罚，等等。

当然，父母还可以鼓励孩子的利他行为，比如在吃东西时，像孔融一样把大的、好的让给父母。孝顺父母，懂得感恩的孩子未来的路会更宽。

成长点读

"吃苦"教育是为了唤醒孩子内心的需要，让他们在接受磨炼和挑战的同时，感受到生活的美好和难忘。

果断拒绝孩子的不合理要求

有一天，妈妈带着安安去超市买生活用品，她们在超市四处挑选着需要的商品。当逛到食品区时，安安趁着妈妈挑选其他的商品时，把一些自己喜欢的零食放到了购物车里，而且她怕妈妈发现，把零食放到了购物车

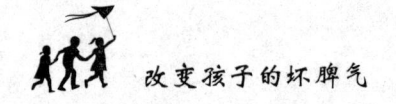

最底下，把其他的物品放到上面。

做完这些，妈妈正好挑选完东西，她并没有发现安安的小动作，便推着购物车去结账。安安忐忑地跟在妈妈的身后。当收银员把所有的商品拿出来时，妈妈发现了安安藏在购物车底部的零食，但妈妈并没有为这些零食埋单。安安看见后，气得又跳又叫，想让妈妈帮她付款。但是妈妈并没有理会安安，只是自顾自地把所有需要的商品装进购物袋。

安安开始大哭起来，试图用这种方式让妈妈给她买零食，但是妈妈仍不为所动。安安提高哭闹的声音，并且满地打滚。安安的哭闹吸引了超市里购物的人，看着围过来的人越来越多，安安认为这下妈妈肯定会给她买她喜欢的零食了，但是妈妈对安安的这番操作视而不见，依旧收拾自己的商品，只不过速度变快了。妈妈收拾完后，看了一眼仍躺在地上的安安，径直拿着东西往超市外走去。安安以为妈妈只是吓唬她，仍躺在地上撒泼打滚儿，但当她发现妈妈越走越远，并没有回头看她时，不禁慌了神，起身朝妈妈跑去，乖乖跟妈妈回了家。

有求必应是现在很多家长对孩子的态度。当孩子哭闹着想买某个东西时，父母们怕委屈了孩子，总是想方设法满足其要求。这种情况尤其在独生子女家庭更为常见。正是父母的这种做法助长了孩子的欲望，他们变得越来越不满足，以至提出越来越高的要求。因此，父母必须学会果断地拒绝孩子的不合理要求。

果断拒绝孩子的不合理要求不是为了打击孩子，更不是因为讨厌孩子，而是为了帮助孩子更好地成长。

拒绝孩子的不合理要求有利于孩子形成正确的价值观。孩子缺乏一定的判断能力，在他们眼里正确的行为在成人世界里却可能是有违规范的，如果父母不加以制止而任由孩子肆意妄为，孩子成人以后很可能会触犯法律，这样的结果是谁都不希望看到的。而果断拒绝孩子的不合理要求则能使孩子提高分析判断能力，进而形成自己的判断力。

因为年纪小，孩子往往没有自我控制能力，有时甚至明知故犯。这时，父母果断拒绝则恰恰能提醒孩子，帮助孩子提高自控能力。被父母拒绝后的孩子最明显的变化便是具有了一定的自立能力，他们被迫学会了独立处理自己的事情。

当然，在拒绝孩子要求前一定要深思熟虑，一定要先确定孩子的要求是不是合理要求，并想到更好的解决方法。同时，一定要告诉孩子遭到拒绝的理由，使孩子理解父母的做法。孩子下次在面临同样的情境时，想到曾经被父母拒绝过，便会打消这个念头。

需要注意的是，在拒绝孩子时，父母双方一定要保持一致的态度，且不能朝令夕改，否则，孩子便会以更强烈的哭闹形式以达到自己的目的。

> **成长点读**
>
> 对于敏感期的孩子，直接拒绝极易引起孩子的叛逆心理，或令其产生挫败感，不利于孩子的心理成长。所以，父母要善于观察，再决定采取直接拒绝法还是委婉迂回式拒绝法。

积极培养孩子的安全意识

很多家长为了保证孩子的出行健康，在车上安置了儿童安全座椅。但是，把正处于活泼好动期的小孩子固定到座位上，无法动来动去对于"只有睡着才会老实"的他们，无疑是困难的。

然而，小亮的妈妈有自己独特的办法，就是把安全教育的知识掺杂进

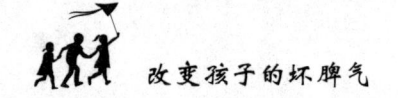

孩子喜欢的东西里,将"安全教育"润物细无声地传递给孩子。

小亮喜欢看电视广告。有一次,小亮在电视上看到了一则动画版的交通广告,于是便问妈妈:"电视上为什么两辆车碰在一起了,它们是在说悄悄话吗?"妈妈回答道:"两辆车碰到一起就会引发交通事故,坐在车里的人会有生命危险,如果爸爸妈妈出车祸了,小亮就再也见不到爸爸妈妈了……"

听妈妈这么一说,小亮哇哇大哭起来,他哭喊道:"我不要见不到爸爸妈妈!呜呜呜呜……"妈妈趁这个机会,给小亮科普交通安全知识和交通规则等,并严肃地对小亮说:"坐车一定要系安全带,车上有安全座椅的小朋友一定要坐到安全座椅上,因为它能保障你的安全。"

小亮听后连连点头,并表示记住了妈妈的话。从此以后,小亮对交通安全有了清晰的认知,每次坐车出门他都会主动坐到儿童安全座椅上,还会叮嘱爸爸妈妈系好安全带。

相较于学习,父母更希望孩子健健康康,安安全全。但随着孩子长大,父母不可能寸步不离地陪在孩子身边,因为成人有成人的世界,需要工作、挣钱、养孩子。于是,很多父母即使在工作中也会牵挂着孩子:在学校会不会和同学打架了?回家的路上会不会遇到坏人?过马路时会不会躲避车辆?一个人在家时会不会触碰到电源……可以说,只要不在自己的视线范围内,父母便对孩子放心不下。的确,我们生活的世界存在很多不安全因素,如雷电、火灾、水患、车祸等,即使父母每天陪在孩子身边,也可能会发生意外。所以,很多父母给孩子配备了电话手表,有的甚至给孩子配备了报警器,以使孩子在遇到危险时能及时求救。

但是,孩子尤其是处于逆反期的孩子未必理解父母的苦心。父母越是想把孩子限制在自己能保护的范围内,孩子越是想逃离父母的身边。有教育专家曾说过，一味地保护其实是一种伤害。如果能培养孩子的安全意识，让孩子学会保护自己，不失为一种更好的办法。

在培养孩子的安全意识时，父母可以向孩子输出一些基本的安全知识，例如，在家里，要注意家用电器的安全使用和注意事项；出门在外，除了要遵守交通规则外，还要谨防主动上前搭讪的陌生人，更不要吃陌生人的食物……

教给孩子应对安全事故的措施。例如，发生火灾时，如果衣服被烧着，应迅速逃离火源，并在地上打滚以压灭火焰；溺水时，不要慌张，除了呼救外，还要放松身体，尽量使身体漂浮在水面上以等待救援；煤气泄漏时，先切断气源，然后开窗通风，切记不要打火，以免引起爆炸；等等。

成长点读

告诉孩子，必要时打电话报警：报警电话110，消防电话119，急救电话120，查询电话114……

第九章 降低期望，
让孩子在自己的命运里起舞

随着社会竞争压力越来越大，父母对孩子的期望也越来越高，导致孩子的学习负担越来越重。随之而来的，是孩子的逆反心理越来越强。父母对孩子有期望无可厚非，但过高的期望容易让孩子在成长的过程中迷失方向。

童年可贵，会玩也是一种智慧

小张爸爸和妈妈最近在闹矛盾，且愈演愈烈。事情的起因是小张的爸爸为了小张能提高学习成绩，掌握更多的知识，给小张找了四个家教。每天放学后，小张需要补习功课，并且每个周末小张需要上全天的补习班。所以，小张没有一点儿的玩耍时间。

对此，小张虽然没有大哭大闹，但小张的妈妈感到十分不满。她认为孩子应该尽情地释放自己的天性，而不是每天都在学习，认为爸爸的做法不利于小张的成长，甚至会影响小张的心理健康，把小张逼上绝路。为此，小张妈妈好久没和小张爸爸说话，二人陷入冷战中。

不久后，小张爸爸便为他的决定付出了代价——小张得了抑郁症。无论谁和小张说话，问小张问题，小张只会低着头，一句话不说。如果逼得太紧，小张还会出现过激行为，会大喊大叫，然后把自己一个人锁在房间里。

看到小张这种情况，小张的爸爸妈妈感到十分紧张和害怕，他们带着孩子四处去看心理医生，希望心理医生能够找到小张心中的症结，把小张从抑郁中解救出来。

心理医生向小张的父母分析了小张抑郁的根源，即爸爸施加的高压。听了心理医生的解释，小张的爸爸感到十分懊悔，他说宁可小张的成绩不理想，也希望小张的身心健健康康，而不是为了成绩把小张逼成现在这个样子。

诗人席慕蓉说:"如果一个孩子没有接触过大自然,比如说没有摸过树皮,没有踩过干而脆的树叶,那就没有办法教他美术,因为他没有亲身接触过美。"

很多家长报怨孩子贪玩,不知道学习,于是给孩子报了各种学习班,于是,孩子们几乎失去了玩的权利,取而代之的是繁重的学习压力,有的孩子甚至会像上例中的小张那样得了抑郁症。

爱玩是孩子的天性,就像人需要穿衣吃饭一样,而且,玩可以让孩子学到一些社交技巧,锻炼孩子解决问题的能力。当然,玩还可以锻炼孩子的身体协调能力,以及调节和控制情绪的能力。例如,当孩子发脾气、心情不好的时候,通过玩,往往会把这种不良的情绪宣泄出来。真正懂得玩的孩子,不但有趣、有创造力,还是充满快乐的。相反,不懂得玩的孩子,则常常处于沉闷、孤单之中,这样的孩子缺乏创造力,更容易迷恋手机游戏。

孩子在玩耍过程中,会展现出自己的兴趣爱好,如美术、乐器、烹饪等,只不过身为父母的我们没有发现,我们甚至认为这些都是在浪费时间,不利于学习。所以,我们亲手扼杀了孩子的天赋。

玩是一门学问,一种智慧,既然我们"望子成龙,望女成凤",那就不要过多干涉孩子的玩,相反,我们要做孩子的玩伴,融入孩子的内心,这样才有利于亲子关系的和谐。

李大钊说过这样一句话:"要玩就玩个痛快,要学就学个踏实。"学习和玩耍并不冲突,玩耍有利于把孩子从繁重的学习中解放出来,使疲惫不堪的大脑得到放松。但是,玩也要讲究张弛有度,不能一味地玩,不能因

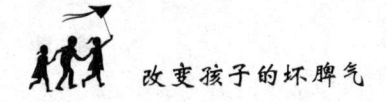

玩而荒废了学业。当然，玩耍时不能玩一些有危险性的游戏或是有害的物体。例如，不在有深水的池塘边玩耍，不随意燃放鞭炮，等等。

> **成长点读**
>
> 在陪孩子玩游戏的过程中，父母要和孩子一样真诚投入，短时间完整的专注力投入比长时间敷衍来得更有力量。

正视遗憾，接受孩子的不完美

雨涵从小就是"别人家的孩子"，性格乖巧懂事，长相精致可爱，学习成绩优异，钢琴还弹得好。学校要举行运动会，班里同学都积极热情地报名参加，雨涵被老师推荐参加啦啦队。

这天放学回家后，雨涵把自己关进了房间。妈妈察觉到了雨涵的不对劲，便敲了敲雨涵房间的门，没人回应。妈妈推门进去，发现雨涵正捂在被子里哭，眼睛都哭红了。妈妈心疼地询问雨涵发生了什么事，原来，雨涵加入啦啦队后，因为动作不协调而被同学嘲笑。

了解情况后，妈妈温柔地帮雨涵擦掉眼泪，笑着对雨涵说："雨涵，你还记得妈妈以前给你讲过一句话'金无足赤，人无完人'吗？每个人都有缺点和短板，妈妈也有缺点，雨涵有不擅长的方面是很正常的，有什么值得哭泣的呢？"

听了妈妈的话，雨涵不再哭了。

妈妈继续说道："虽然你动作不协调，可能没办法做啦啦队员，为你的班级做贡献，但你画画很厉害呀，你可以为班里同学画一张海报应援，也可以给班级里参加项目的同学做好后勤保障。"

运动会那天，雨涵帮同学递水递毛巾，忙前忙后地帮助同学，赢得了

第九章
降低期望，让孩子在自己的命运里起舞

很多同学的赞赏。不久后，班里竞选班长，雨涵全票通过，她高兴得手舞足蹈。

每个家长都希望自己的孩子是完美的：希望孩子早睡早起，不挑食，爱学习，爱运动，讲卫生，积极向上、阳光自信……但是，"金无足赤，人无完人"，成人尚不能完美，何况是孩子呢？

每个孩子都不是完美的。例如，有的孩子马马虎虎，丢三落四；有的孩子调皮捣蛋，不爱学习；有的孩子性格暴躁，专横跋扈；有的孩子懒散懈怠，拖拖拉拉……对于孩子的缺点，父母常常能列举出一大堆。不管父母是否也有这些缺点，他们都希望自己有一个完美的孩子。

我们是否想过，我们能接受自身的不完美，为什么不能接受孩子的不完美呢？如果家长执意要求孩子按自己心中完美的标准去做，最后的结果只能是两败俱伤。因为在这一过程中，家长会与孩子双双陷入对彼此的不满意之中，影响亲子关系，有时还会影响到孩子的心理健康，使孩子变得内向和自卑。所以，家长要试着接受孩子的不完美。

接受孩子的不完美，父母才会发现孩子有哪些优势和短板。优势的方面可以有意培养，短板的地方可以适当弥补，但不能强求。世上虽然没有完美的孩子，但每个孩子都是独一无二的。发现孩子的优点，能够帮助孩子更好地发挥他的优势。

当接受了孩子的不完美，父母便不会对孩子有过高的期望，也不会要求孩子样样比别人强。一个轻松、快乐的童年对孩子将来的发展要比学很多东西更有意义。

改变孩子的坏脾气

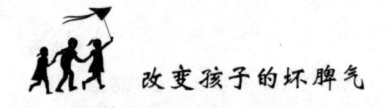

> **成长点读**
>
> 在接受孩子不完美的同时,父母也要引导孩子接受自身的不完美,学会释然。这样,孩子才能更好地集中精力应对各种挑战。

不要拿自己的孩子和邻居家的比

梅梅和雯雯是表姐妹。梅梅在学校里是个品学兼优的好学生,雯雯则稍逊一筹。梅梅一家经常去雯雯家里玩耍,两家的家长聚在一起,最喜欢的就是比较两姐妹。

寒假第一天,梅梅一家去雯雯家里玩。这不,期末成绩正好成了家长最喜欢谈论的话题。进屋没多久,两姐妹的爸妈就开始谈论起这个话题。

雯雯的妈妈先开口问:"梅梅,你期末考试考得肯定很好吧?跟姨说说都考了多少分?"

"每门功课的成绩都在90分以上。"梅梅骄傲地回答。

雯雯的妈妈夸赞说:"哎哟,梅梅真厉害。你爸妈真是没白培养你。"

梅梅的父母虽然口中谦虚地说些客套话,但还是掩饰不住脸上的欣慰。

雯雯妈妈看了看身边的雯雯,问道:"雯雯,你还没有告诉我你的分数呢。"

"对呀,说说看,你俩比较一下。两姐妹比较后才有竞争,有竞争才有动力。"梅梅妈妈在一旁说道。

在妈妈的追问下,雯雯变得慌乱起来,她低着头,含糊地说:"我……我这次每门功课都在80分以上。"

"你说什么?每门功课都在80分以上?意思就是没有一门超过90分?你真没出息,你看看人家梅梅,人家平时是怎么学的?你平时是怎么玩的？"

面对妈妈的"猛烈攻势"，雯雯只是一味地哭，什么话也说不出来。

在孩子的眼中，自己的父母都是最好最棒的，而在父母眼中，自己的孩子都是有缺点的，他们都希望自己的孩子能像别人家的孩子那样。所以，有专家总结说，孩子最大的敌人是"别人家的孩子"。

"你看别人家的孩子……"是在家长们中间听到的频率最高的一句话。殊不知，这样的话会带给孩子极大的伤害，孩子会感觉父母背叛或遗弃了他，于是，这种负面情绪会在他们心中慢慢积累，长此以往，孩子在嫉妒"别人家的孩子"的同时，还会对父母产生怨恨，他们的心灵也会变得异常敏感。

例如，当父母把自己的孩子与别人家的孩子作比较时，如果对方是差生，孩子便会沾沾自喜，自满自大，有的孩子则会产生心理压力，"在妈妈眼里我一直比小美强，要是有一天小美超过我怎么办"？如果对方是优等生，孩子的自尊心会受到伤害，会觉得低人一等，丧失自信心，有时甚至会自暴自弃，"反正我是烂泥扶不上墙了，你爱怎么说就怎么说吧"。

有些父母把自己的孩子与"别人家的孩子"作比较是为了自己的面子，尤其当自己的孩子比"别人家的孩子"各方面都优秀时。而当孩子各方面不如"别人家的孩子"时，父母则把责任推到了孩子身上。其实，在成人的生活和工作中，我们也曾被无数次与他人作比较。例如，某位同学拿我们的长相与比我们长得漂亮的同学比较，某位领导拿我们的工作业绩与比我们业绩突出的同事比较；亲戚朋友拿我们的蓝领工作与他们的白领工作比较……我们成人尚且因此而难过，何况是孩子呢？

当然，"比较"是把双刃剑，有的孩子会在比较中激起进取心，但这

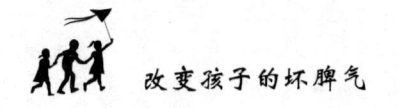

需因人而异。所以，比较时还需慎重。

每个孩子都是独一无二的，而人生像一场马拉松，开始跑在前面的不一定是最后的胜利者。父母要做的，就是让孩子成长为他自己喜欢的样子。

成长点读

> 孩子心理发展尚未成熟，他们不会理解父母挂在嘴边的"别人家的孩子"只是父母激励他的话。相反，他们会认为自己在父母心中的印象是糟糕的，从而自暴自弃。

切忌把自己的理想强加到孩子身上

志刚所在的班最近开了一次班会，老师讲了关于文理分班的事。志刚有些迷茫，不知该如何选择。放学回到家，志刚向父母说了马上要文理分科的事。晚上吃过饭，全家人围坐在一起讨论起志刚是该选择报文科还是报理科。

爸爸说："志刚应该选理科，大学选择医学专业，大学毕业之后可以当医生。你王叔叔就是医生，不但受人尊敬，工资还高。"

妈妈反驳说："不行，志刚应该选文科，将来做老师教书育人，还有寒暑假。当老师多好。"

奶奶则说："志刚应该选文科，但是不要当老师，将来考个公务员，妥妥的铁饭碗。"

听爸爸、妈妈和奶奶说完，志刚更迷茫了，觉得他们说得都有道理。一旁的爷爷看出了志刚的惆怅，笑着问道："志刚，你将来想从事什么职业呢？"

志刚犹犹豫豫地开口说道："我想当警察，伸张正义，为人民服务。"

第九章
降低期望，让孩子在自己的命运里起舞

爷爷笑着对志刚说："你现在知道该选什么了吗？爸爸小时候的梦想是做医生，妈妈的梦想是做老师，奶奶的梦想是做公务员。你的人生不用背负上爸爸、妈妈和奶奶的理想，用尽全力去实现自己的理想就好。"

《论语》中有言："己所不欲，勿施于人。"意思是说，自己不愿意要的，不要强加到别人身上。把这句话在亲子之间同样适用：自己想要实现的愿望，不要强加到孩子身上。

"梦想复制"是家庭教育容易陷入的怪圈，很多时候，父母们可能会不自觉地希望孩子能实现自己未尽的梦想，而主观地帮助孩子选定梦想，就如上例中的一家人，他们希望志刚报考老师、医生、公务员，而忽略了志刚的理想是做一名人民警察。

很多父母对孩子的意愿视而不见，认为那是不成熟的想法，而把自己的意愿强加到孩子身上，觉得孩子朝着自己给定下的目标发展定能有所成就。

其实，这样的父母是自私的。每个人在成长过程中都会错过很多东西，这必然会成为每个人心中的遗憾。而当自己有了孩子，这样的父母便像看到了希望，他们希望孩子能代他们完成自己未完成的梦想。这种想法本没有错，但孩子虽小，他们却和成人一样，心中装着自己的梦想，而人生只有一次，如果他们用自己的人生去完成父母的愿望，那他们的愿望又由谁来实现呢？所以，作为父母，切记不要将自身的意愿强加到孩子身上。如果父母有梦想没有实现，可以讲给孩子听，如果孩子的梦想正好与父母的梦想重合，那岂不是两全其美？如果孩子产生抵触，则一定要遵循孩子的意愿，尊重孩子选择自己梦想的权利和自由。这样，孩子才能借由梦想激发自身的创造性，并在强大内驱力的推动下不断趋近心中的梦想。

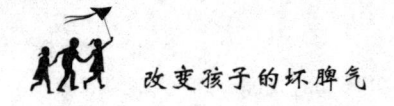

当然，父母更不应该因孩子选定的梦想不切实际、难以实现而以过来人的经验给孩子"泼冷水"。否则，孩子不仅会丧失高涨的自信和激情，还会对父母失去信任。

总之，父母要学会站在孩子的立场去理解孩子的感受，满足孩子的需要，而不是把自己的想法强加给孩子。

> **成长点读**
>
> 对于孩子选定的梦想，父母一定要给予充分的肯定和尊重，即使最终孩子不能实现梦想，但在这个过程中的收获也是一笔宝贵的财富。

降低要求，孩子反而更有好胜心

小颜的爸爸妈妈经常对小颜说："我们不要求你考上什么重点大学，也不要求你有多么优秀，你学习的事情顺其自然就可以了。"正因为小颜的爸爸妈妈对小颜不施加任何压力，小颜生活得快乐又幸福。

一天晚上，小颜还没有睡着，她听到爸爸妈妈来到她的床边，便赶紧闭上了眼睛。爸爸看着床上的小颜，小声地对妈妈说："咱们的孩子真懂事，有这样的孩子真的好幸福。"听到这些话，小颜心里特别高兴并暗下决心，一定不会让父母失望。

爸爸的话好像施加了魔法，小颜真的如爸爸所说变得越来越优秀。她不仅参加了全国少儿口语大赛并获得了第一名，象棋也非常厉害。同学的家长们看到小颜这么优秀，便向小颜的妈妈咨询怎么能培养出这么优秀的孩子。

但事实上，小颜的爸爸妈妈从来没有给小颜提出过任何要求，小颜取得的成绩都是小颜出于自己的兴趣自己去学习的。小颜的父母在小颜刚出

第九章
降低期望，让孩子在自己的命运里起舞

生的时候就决定让小颜去做自己喜欢的事情，他们不会对小颜施加任何压力。所以，在其他父母为孩子的学习成绩焦头烂额时，小颜在和爸爸妈妈愉快地野餐；当其他的小朋友因为一些错误被家长批评教育时，小颜在和爸爸妈妈一起锻炼身体。小颜从来不担心自己的学习，也不担心其他的小朋友会超越自己，因为她只想做好自己。

很多父母认为有必要对孩子提出高要求，否则他们会不努力、不上进，最后很可能会被社会抛弃。在现实生活中，的确有很多这样的例子，因为父母对孩子期待和要求过低甚至没有要求，孩子便放任自流，结果，有些孩子禁不住社会上不良行为的诱惑，不但逆反，有的甚至走上了犯罪的道路。但这并不是要对孩子提出过高要求的理由。

向孩子提出要求或抱有期待是必须的，但要根据孩子的具体情况而定，不能过低，但也不能过高，要适度。因为，向孩子提出过高的要求不利于孩子的成长，甚至可能会给孩子带来很多不必要的烦恼。例如，父母期待孩子在本次考试中能进步十个名次，而孩子并不能保证能达到父母的期望，于是便会产生心理负担。孩子负担越重，越不能安下心来学习，结果往往适得其反，不但没有进步反而后退了。而如果孩子能轻装上阵，在没有心理压力的情况下则很可能会考出出人意料的成绩。

其实，事事都如此，没有期待就没有失望，有期待就会有情绪，有情绪就容易情绪失控，然后伤害到亲子关系。国外的一位教育学专家说过："父母的使命是把孩子培养成人，而不是培养成才。"当然，成才固然是锦上添花，但孩子健康快乐地长大成人不正是我们每一位父母最大的期待吗？

如果我们足够细心会发现，父母越是喜欢指导孩子，孩子越不优秀；而那些只是适当对孩子提出要求，并对孩子稍加引导的父母却总是能培养

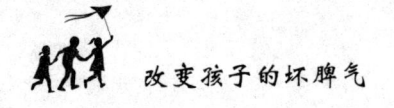

出优秀的孩子。

期待越高往往失望越大，而降低期待，不但孩子快乐，父母也会快乐起来。即使对孩子期待过高，也要摆正心态、不求结果，这样教育出来的孩子反而更具有好胜心。

> **成长点读**
>
> 要给孩子成长的空间，不要对孩子要求过多，揠苗助长的愚蠢行为只会伤害到孩子的自信心，从而使孩子畏缩不前。

别为难以改变的事实而苦恼

梦梦学习一直很优秀，有一次，老师为了奖励梦梦，给了她一个小猪存钱罐。梦梦很喜欢这个存钱罐，放学后抱着存钱罐就向家里跑，她要告诉妈妈这个好消息。但是，梦梦刚跑到家门口，还没来得及敲门就摔了一跤，不仅膝盖磕破了，存钱罐也摔碎了。梦梦顾不上膝盖的疼痛，赶紧把存钱罐的碎片拼起来，但是已经碎掉的存钱罐怎么拼也拼不回去了，急得梦梦坐在门口号啕大哭。

听到哭声的妈妈出门一看，看到了坐在地上的梦梦和散落一地的小猪存钱罐碎片。还没等妈妈开口，梦梦就抽泣地指着碎片对妈妈说："这是老师奖励给我的存钱罐，可是它碎掉了。"

妈妈蹲下身扶起梦梦，安慰她说："梦梦，存钱罐已经摔碎了，即使你怎么责怪自己，碎掉的存钱罐也变不回原来的样子。你现在要做的，应该是想一想有没有什么办法可以替代这个存钱罐。"

梦梦一边擦着眼泪，一边跟着妈妈进了屋。忽然，她抬起头对妈妈说："我想起来了，我还有一个小罐子和这个存钱罐差不多，我可以用那个小

第九章
降低期望，让孩子在自己的命运里起舞

罐子来替代这个存钱罐。"

说着，梦梦高兴地跑进屋里找小罐子，不再难过了。

我们经常会听到孩子这样抱怨："如果我再认真一点儿就会得高分了""如果我再仔细检查一遍，那道题就不会错了"……虽然明明知道发生的事已经无法改变，但孩子还是会用很多个"如果"来设想不同的结局。

英国有句谚语："不要为打翻的牛奶而哭泣。"意思是说，不要为已经发生的无法改变的事实而苦恼。这句话看起来简单，要做到并不容易，因为每个人都会为洒掉的牛奶感到惋惜。孩子更是如此，一旦失去了拥有的东西，他们的心里肯定会特别难过。就像上例中的梦梦，当她的存钱罐摔碎后，她心疼得大哭，但就像梦梦妈妈所说的那样，哭又有什么用呢？梦梦妈妈的做法也是恰到好处，她教会梦梦不要逃避而是正视问题，然后转移注意力，引导梦梦找到一个存钱罐的替代品，让梦梦重新快乐起来。

如果孩子对自己的失误一直耿耿于怀，他们便会踟蹰不前。这时，父母便要告诉孩子，当事情无法改变时，不要怨天尤人，要学会坦然接受。只有放下，才能勇往直前，用更大的成绩来弥补以前犯下的错误。

打翻的牛奶虽然没有任何用处，却是孩子成长过程中的一笔宝贵财富。孩子会从经历中总结经验教训，利用"打翻的牛奶"创造出更多的价值。

有舍才有得，这也是孩子从小需要知道的。孟子有云："鱼，我所欲也；熊掌，亦我所欲也。二者不可得兼，舍鱼而取熊掌者也。"当孩子因失去了牛奶而哭泣时，告诉孩子，虽然失去了牛奶，但我们会收获其他东西。塞翁失马，焉知非福？

改变孩子的坏脾气

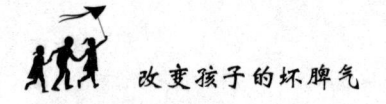

成长点读

当孩子为无法改变的事实而大发脾气,除了赔上时间,孩子的懊悔和自责还会带给他无力感和众多的负面情绪。最终,孩子会继续为下一杯打翻的牛奶加倍哭泣。

第十章　静待花开，化解孩子的逆反心理

逆反心理是孩子内心世界的一种真实再现，并非可怕的"洪水猛兽"，它是孩子自我强化的一种表现。家有逆反期的孩子，家长不能以威严加以压制，而应给孩子足够的时间和空间，让他们在逆反期也能茁壮成长。

提出建议比批评更有效

小山放学回家后一直闷闷不乐，妈妈看出了小山有心事，却没有询问，而是体贴地拥抱了小山。

吃饭的时候，小山忽然抬头问妈妈："妈妈，你觉得上周我的书是被谁拿走的？"妈妈回答："你可能是不小心放到哪里忘记了，而且李老师不是借给你一本书吗？"小山听后，沉默不语，但依旧心事重重的样子。

第二天小山去上学了，妈妈在打扫小山的卧室时在床底的角落发现了一本和小山丢失的一模一样的书，上面写着小山同学"冉冉"的名字，看到这里，妈妈恍然明白小山遇到了什么烦心事。

小山放学回家，妈妈在吃饭的时候问小山当时丢书时的心情，并且引导小山说："你丢了书很着急，如果别的同学丢了书会是什么样的心情呢？"

小山的脸瞬间红了起来，妈妈于是再次循循善诱："你丢书的时候，李老师是不是说谁把书还回来就表扬谁呢？"

看小山低着头沉默不语，妈妈又说："你是不是装走了同学的书？"看到小山慌张中点着头，妈妈继续说："知错能改就是好孩子，你把书还给同学，老师会表扬你的。"

第二天，小山带了冉冉的那本书上学去了，妈妈没有再说什么，因为她知道小山会做得很好。

第十章
静待花开，化解孩子的逆反心理

果然，晚上小山回家后一脸轻松的表情，妈妈知道小山做到了。

孩子在成长的过程中，都会犯各种各样的错误，没有不犯错的孩子。当孩子犯了错，大部分父母常常怒火中烧，大发脾气，轻则批评，重则打骂。父母的这种做法往往会使孩子对犯错误产生恐惧感，害怕再犯错误，心理上承受巨大的压力，每天战战兢兢地过日子。

其实，孩子的成长是一个不断犯错、不断改正的过程，犯错在所难免，父母们不用急着批评孩子，而应像上例中的小山妈妈一样，发现小山拿了同学的书并没有马上批评小山的做法，而是晓之以理，让小山明白丢书同学和小山丢书后的心情是一样的，然后向小山提出建议——把书还给同学，其间并没有伤害小山的自尊心。在小山妈妈的引导下，小山不但不会对所犯错误产生恐惧感，还有了勇气改正错误，并且在心里也不会产生挫折感。

当孩子犯错误时，对孩子提出切实可行的建议是父母最明智的选择。如果只是一味地批评孩子，往往会两败俱伤：孩子因被批评而越来越怯懦或是越来越逆反，父母一方则会越来越生气。所以，面对犯错的孩子，父母应当引导他们面对错误并改正错误，尤其要从错误中吸取经验和教训。有了经验和教训，孩子离成功便会越来越近，至少，孩子下一次不会犯同样的错误。

向孩子提出建议时，父母有必要了解孩子犯错的原因和经过。了解孩子犯错的真正原因后，还要和孩子一起讨论，然后根据分析提出合理的建议和解决办法。例如，当孩子与他人发生冲突时，不妨告诉孩子，被他人欺负可以还手，但这不是聪明的做法，向老师或家长反馈问题可能会更利于冲突的解决。

当然，在提出建议时，父母切忌盛气凌人，而应语气平静，态度真诚，

改变孩子的坏脾气

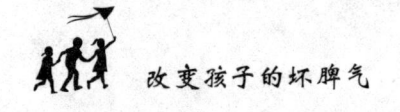

让孩子感觉到父母的爱。

> **成长点读**
>
> 对改正错误的孩子不要吝啬，要多加表扬，告诉孩子，"知错能改就是好孩子"，多关注优点少聚焦缺点，让孩子在不知不觉中越变越好。

预防化解孩子思想中的暴力倾向

古时候有一个小孩特别爱发脾气，经常动手打人，甚至对自己的妈妈也拳脚相向。妈妈多次劝说小孩，但是小孩却听不进去，依旧乱发脾气、爱打人。忍无可忍的妈妈把小孩捆绑起来痛打了一顿。小孩被打疼了，从此不再殴打妈妈，但依然还会对他人动手。

于是，小孩成了远近闻名的"霸王"，和别的孩子玩游戏时，他经常欺负其他人，被他打怕了，附近的孩子都不愿意跟他玩了。

没了可以欺负的对象，小孩感到很无聊，于是他爬到一棵树上，戏弄来往的行人。

有一次，一个将军从树下经过，小孩在树上用石头和树枝去砸这个将军。将军发现了小孩，便对小孩说："你过来，我给你糖吃。"起初小孩不相信，但是将军一再劝说，好奇的小孩爬下树，结果将军真的给了小孩一块糖。小孩很高兴，打人原来还可以有糖吃，于是更加恶劣地欺负来往的路人。

又有一次，另一个将军从树下经过，小孩见到和之前穿着差不多的人路过便又开始向对方扔石子。这个将军很生气，大声呵斥小孩让他不要再扔了，但是小孩没有停手，他认为只要不停地向这个将军扔石子便可以有糖吃。结果，这个将军勃然大怒，拔出剑把小孩杀掉了。

无论是对孩子还是成人来说，暴力倾向都是一种严重问题，如果不加以纠正，暴力程度会逐渐升级，最后会发展到无法挽回的地步。就如上例中的小孩，本身有暴力倾向，当第一位将军经过时，他虽然向这位将军丢石子却得到了糖吃，于是，他便形成了只要不停地向路人丢石子便会得到糖的印象，结果，他的这一暴力倾向使他丢掉了性命。

在现实生活中，很多孩子尤其是青少年有暴力倾向。我们经常会从各类媒体听到校园霸凌的消息，有的甚至酿成了命案。这不能不引起家长的重视。那么，如果孩子有暴力倾向，父母该如何面对呢？

首先，父母要了解孩子暴力倾向的成因。例如，孩子在看电视或玩手机时会接触到一些暴力情节，为了耍酷，孩子往往会对这些情节进行模仿。有时，孩子所收到的信息中，除了暴力信息，还有其他不健康的东西，如色情信息等，这些都是不利于孩子成长的信息，父母要高度重视，尽量不要让孩子看到暴力的画面，尤其不要让孩子玩暴力游戏。

其次，父母要为孩子树立榜样。如果家庭成员中的一位有暴力倾向，孩子耳濡目染，便会受到一定的影响。当然，如果孩子交了有暴力倾向的朋友也会受其影响。所以，父母也要暗中调查孩子的生活圈，净化孩子的交际范围。

总之，父母一定要对孩子的暴力行为加以引导，让孩子学会控制自己的坏情绪。当孩子有所改变时，则要对孩子进行肯定和鼓励。

切记，"以暴制暴"只会加重孩子的暴力倾向。

改变孩子的坏脾气

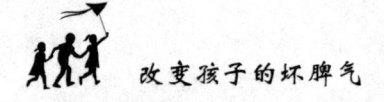

> **成长点读**
>
> 有暴力倾向的孩子一般缺乏安全感,他们攻击他人的行为其实是在下意识地保护自己。多抱抱孩子,给他足够的安全感,用爱去化解孩子的暴力倾向是最完美的方法。

宽严有度,矫正孩子任性的习惯

小峰的爸爸妈妈从小就尊重小峰的决定,认为这是培养孩子决策力和主见的方法,无论大事小事都顺着小峰的意愿。但也正是对小峰的过分"尊重",导致小峰的学业发生了巨大的转折。

当小峰还在新海中学读初二的时候,一天晚上,小峰回家之后有点儿闷闷不乐,吃完晚饭后忽然站了起来,大声宣布自己要转学,且要转到东兴初中去。

爸爸妈妈很疑惑,询问小峰为什么要转学。

小峰回答说:"你们不要管,这是我自己的决定,我就要去东兴初中,在新海我一天也待不下去了,你们要是不给我转学,我就永远不去上学。"

第二天,小峰真的没有去上学,无奈之下,父母只好给小峰转了学。

东兴中学是一所普通的初中,和新海这所重点中学相比相差甚远。小峰转学之后成绩一落千丈,自然也和重点高中失之交臂。

拿到普通高中的录取通知书时,小峰忽然号啕大哭起来,这才向父母说出了当时转学的真相。原来,小峰与东兴中学的一个女孩早恋,他想和这个女孩在一所学校读书。但是女孩最终选择与小峰分手,小峰的学业也因此耽搁了。

第十章
静待花开，化解孩子的逆反心理

上例中的小峰为自己的任性付出了惨痛代价，当然，小峰父母的失职也是小峰有如此结果的一个重要原因。如果小峰的父母能认识到任性并不等同于有主见，并对小峰的任性行为进行引导，相信小峰一定会有一个相对光明的未来。

很多家长感叹现在的孩子不容易管教，的确如此，现在很多家庭是一个孩子，一家人围着一个孩子转，无论孩子提出什么要求，父母都会想方设法去满足。于是，孩子的脾气越来越大，也就越来越任性，日子久了自然难以管教。有的孩子甚至为了满足自己的某种需要，任性地以绝食或自杀的方式来要挟父母。

其实，除了对孩子有求必应会使孩子越来越任性外，父母蛮横地拒绝孩子的要求同样会使孩子变得任性，因为孩子根本不明白为什么父母会拒绝自己。当然，一家人对孩子任性的处理方法不一致也会使孩子不知所措。例如，当父母管教任性的孩子时，爷爷奶奶则护着孩子，结果往往是孩子变本加厉地任性。

要改变孩子的任性，首先要营造一个和谐的家庭氛围。当孩子在成长过程中遇到困难时，父母要与孩子进行讨论而不是替孩子做主，让孩子通过学习语言和谈判解决问题，这有利于孩子克服情绪低落，减少孩子乱发脾气。

很多孩子发脾气是为了引起父母的注意，如果父母对其视而不见，任凭孩子哭闹，当孩子闹够了，发现父母还是不理睬自己，便会意识到哭闹并不能达到自己的目的，慢慢地便会改掉任性的坏习惯。当然，父母还可以转移孩子的注意力，待其脾气缓和、冷静下来后再和其沟通、讲道理。

如果孩子执意要去碰碰钉子，父母可以适当放手，当孩子受到挫折、撞了南墙时，他自然会主动回头。

改变孩子的坏脾气

> **成长点读**
>
> 对孩子任性的行为要明确制止,并给予适当惩罚;当孩子放弃任性,愿意倾听他人意见、做出改变时,则要给予其奖励。

冷静对待亲子之间的小冲突

芸芸从小聪明伶俐,加之漂亮可爱,爸爸妈妈对芸芸疼爱有加。可是芸芸的性格非常执拗,特别爱顶嘴,对爸爸妈妈的话充耳不闻,令人头疼不已。

一天,芸芸放学和妈妈去公园里玩。眼看太阳快下山了,妈妈便对芸芸说:"天色不早了,我们回家吧。"可是芸芸却噘起了小嘴:"我不回家!我要和这只小狗玩!"

原来,公园里有一只流浪狗,芸芸很是喜欢,每次去公园都会和小狗玩上半天。

见芸芸正准备去亲流浪狗,妈妈惊叫道:"妈妈和你说过,小狗身上有很多细菌,你经常和小狗在一起会生病的,你不是最害怕打针吃药吗?芸芸乖,我们回家。"

无论妈妈怎么劝说芸芸,芸芸就是不想回家,她挣脱妈妈的手,生气地说道:"电视上还说小狗可以提高我的抵抗力呢!"

妈妈很生气,伸手又要去拉芸芸,却被芸芸躲开了。

"你总是让我听你的,你怎么就不听我的呢?"芸芸瞪着大眼睛,泪水像断了线的珠子,啪嗒啪嗒地掉了下来。

"现在,马上回家!"妈妈呵斥着芸芸。

"我不回家!"芸芸哇哇大哭起来。

第十章
静待花开，化解孩子的逆反心理

"你怎么能和妈妈顶嘴呢？等回家再和你算账！"妈妈上前把芸芸拉走，瞪着哭哭啼啼的芸芸说道。

"算就算，谁怕谁啊！"虽然嘴上这么说，芸芸的心里却很害怕。

在日常生活中，很多父母有被孩子气得暴跳如雷的时候，尤其是当孩子调皮捣蛋、不遵守约定或者故意挑衅的时候，父母往往会忍无可忍，于是，便开启发火模式，殊不知，发火并不能解决问题，相反会使冲突加剧，亲子之间免不了会进行一场更为激烈的争吵。

如果父母经常对孩子发火，孩子会变得胆小自卑，身心会受到不同程度的创伤。所以，当亲子间发生冲突时，父母一定要先调整好自己的情绪，让自己冷静下来，不要轻易责备孩子，而要弄清事情的缘由，或许错不在孩子而在父母一方。

即使孩子有错，也要给孩子申辩的机会，然后给孩子摆事实、讲道理，让孩子明白他们错在了哪里，并能在以后引以为戒。

如果亲子间出现了冲突，父母和孩子都能站在对方的角度替对方着想，冲突便会迎刃而解。

现实中，很多孩子会像上例中的芸芸一样因一些小事和父母顶嘴，而很多父母也会像芸芸妈妈一样与孩子针锋相对，甚至旧事重提，把之前陈芝麻烂谷子的事全翻了出来，"我就知道你还和以前一样没有改变""你前几天刚犯的错，这才几天又故技重演了"……这时旧事重提只会火上浇油，不利于矛盾的化解。

即使亲子双方有了冲突，父母也不要忘了肯定孩子的优点，这时的肯定会使孩子看到父母对自己的爱与重视，在父母的肯定下，他的怒气自然会消失不见。

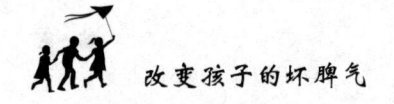

当亲子间出现冲突时，父母还可以撤出冲突，采取"积极的暂停"，孩子没有了对手，战争自然就无法继续下去。

> **成长点读**
>
> 父母要以身作则，平日处事平和，不急不躁，遇到长辈言行尊重，在榜样的影响下，孩子自然也不会与长辈顶嘴了。

循循善诱，解救沉迷手机游戏的孩子

网络发展迅速，开始普遍进入各个家庭。中学生阿兰听到同学们说网上可以进行聊天、游戏甚至可以交朋友，于是也注册了自己的账号成了网民。

有一天，阿兰通过互联网交友平台遇到了一个名为"守护者"的男性网友，这位"守护者"的资料介绍自己是一名国有企业的高层人员，年薪超过百万元。阿兰对"守护者"的话深信不疑，深深迷恋上了他。

在"守护者"的邀请下，阿兰和他进行了多次线下见面，并且在其诱导下和"守护者"发生了关系，阿兰对"守护者"更加信任了。

几天后是阿兰的生日，听说这个消息的"守护者"给阿兰买了一些生日礼物，和阿兰一起外出逛街。面对"守护者"的出手阔绰，阿兰更是觉得自己找对了人。"守护者"向阿兰许诺，等到阿兰毕业后他就辞职，来到阿兰的城市工作，并且会资助阿兰读大学，阿兰大学毕业两人就结婚。

高中毕业后，阿兰在暑假找了一份工作，省吃俭用攒了3000元，并把这些钱交给了"守护者"。一个多月后，阿兰接到了大学录取通知书，"守护者"却没有了音信。心急如焚的阿兰来到了"守护者"的出租屋，却发现早已人去楼空。

第十章

静待花开，化解孩子的逆反心理

如果向父母们提出这样一个问题："谁家的孩子没有看过手机？"相信没有一个父母自信地回答自家的孩子没有看过手机。随着网络进入每个家庭，几乎人手一部手机，未成年的孩子即使没有手机但每天捧着手机，不是看视频就是打游戏，有的甚至因玩手机而荒废了学业。这样的孩子不在少数。而有些父母在嫌孩子哭闹时也会把手机送到孩子面前："别哭了，玩会儿手机吧。"这样的做法无疑使孩子越来越依赖手机。

手机游戏对孩子尤其是男孩，仿佛有着某种魔力，比零食和玩具更有吸引力。孩子适度玩手机游戏是不会影响到学习或生活的，如果影响到了正常的学习和生活，那就应该引起家长的注意了。

要想把孩子从手机游戏中解救出来，首先应该了解孩子沉迷手机的原因。是不是孩子在学习和生活中遇到了困难？孩子的目标、愿望在现实的学习和生活中是不是得不到满足？是不是他在游戏中能获得现实中得不到的满足感和成就感？如果孩子沉迷手机游戏是因为这些原因，父母可以对孩子的进步进行肯定，或是与孩子一起制订计划，并引导孩子实现计划。当孩子因实现了目标而高兴时，他便会更积极地迈向下一个目标。

父母还要鼓励孩子与同学、朋友交往，而不是在手机游戏中寻找快乐。向同学或朋友倾诉烦恼，不但能提高孩子的人际交往能力，还能促进孩子的心理健康。

如果孩子沉迷手机游戏是因为父母每天低头看手机，父母在要求孩子放下手机之前一定要提前放下手机。父母是孩子最好的老师，如果连老师都沉迷手机，又有什么底气去要求孩子呢？多带孩子进行户外活动，或是一起做游戏、做家务，既可以避免孩子看手机，又可以增进亲子之间的关系，何乐而不为呢？

改变孩子的坏脾气

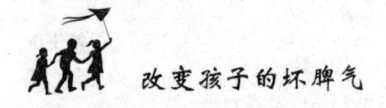

> **成长点读**
>
> 　　培养孩子读书、画画、书法、运动等方面的业余爱好，会使孩子对手机的依赖和沉迷大大减弱，同时拓展知识面，有益于孩子未来的发展。

不断增强孩子解决问题的能力

　　萱萱是家里的独生女，是备受全家人宠爱的掌上明珠。这也导致萱萱遇到任何问题都会第一时间向父母求助，而不是自己先尝试去解决，就算那些萱萱自己能够解决的问题也是如此。

　　在一个风和日丽的周末，萱萱的爸爸妈妈提议全家一起去郊游。到了郊游的地点后，爸爸忙着搭帐篷，妈妈忙着把车上的食物搬下来，萱萱则在一边玩耍。

　　忽然，萱萱看到地上有一只好看的甲虫，她非常喜欢这只甲虫。于是，萱萱告诉了爸爸，想让爸爸帮她捡起那只甲虫。爸爸鼓励萱萱自己试着去抓。听了爸爸的话，萱萱噘起嘴生起气来，好像要发脾气的样子。

　　但是，她实在是太喜欢那只甲虫了。最后，在爸爸的鼓励下，她鼓起勇气抓起那只甲虫。看到甲虫的外壳在阳光下闪着好看的光芒，萱萱开心极了。

　　烧烤架搭好后，爸爸让萱萱自己试着烤一些食物。萱萱有些怕火，不愿意自己动手，但看到自己想吃的食物，最后还是忍不住自己烤起来。虽然烤得有点儿焦，但萱萱吃着自己烤的食物非常有成就感。

　　不管孩子多大，无论做什么事，父母都会放心不下，认为孩子小，不具备解决问题的能力，于是，父母们希望事事躬亲，但这显然是不可能的。事实上，无论年龄多小的孩子，都具备一些解决问题的能力。所以，父母要做的不是亲力亲为，也不是指导孩子做这做那，而是适当放手，培养孩子独立解决问题的能力。这样，当孩子再遇到问题时，便不会手忙脚乱，或是生气了。

父母要给孩子解决问题的信心。当孩子做某件事失败了，父母不应责怪他，而应加以鼓励。例如，孩子帮助妈妈扫地但没有打扫干净，这时父母即使正常评价都可能会让孩子感觉到自己没用，更不用说批评了。所以，这时候要对孩子适度表扬，"嘿，真不错，帮了妈妈的大忙了""下次一定要接着帮妈妈打扫啊"……给孩子信心，相信下一次他一定会打扫干净。

鼓励孩子大胆去尝试。俗话说"一朝被蛇咬，十年怕井绳"，很多孩子在做错事后会变得胆怯，尤其是再遇到相似的问题时，孩子会躲避得远远的。如果父母能适时鼓励孩子，便不会出现这样的情景。例如，当孩子把玩具拆得七零八碎时，不要打击孩子更不要责骂孩子，而应鼓励他，"慢慢来，我相信我儿子一定能把玩具组装好""你动手能力这么强，将来一定会成为一名工程师"……用诸如此类的话鼓励孩子，相信他很快便能把玩具组装好。

当然，父母永远是孩子的榜样，尤其在日常生活中，无论遇到什么问题，一定不要着急而应冷静，争取自己独立解决问题。如果父母遇事就求人，相信孩子也会效仿，最后连基本的解决问题的能力都没有，这样的孩子怎么在社会上立足呢？

改变孩子的坏脾气

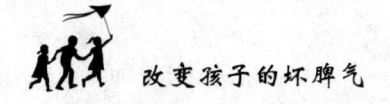

> **成长点读**
>
> "授人以鱼不如授人以渔",父母要尽早放手,多给孩子锻炼的机会,鼓励、支持孩子自己做事要比代替孩子做事高明得多。

转移注意力,让执拗的孩子平静下来

旭旭今年六岁,是个有点儿任性的孩子。什么事都必须按照他的想法去做,只要不按照他的想法,他就哭闹个不停。

这天,正在上班的旭旭妈妈接到了旭旭奶奶的电话:"快回来吧,旭旭在超市里哭闹起来了。"

旭旭妈妈连忙安抚老人,并询问具体情况:"您先别着急。发生什么事了?慢慢说。"

"早上我带着旭旭到超市买菜,身上没带太多钱。旭旭在超市看上了一个遥控车,七百多元。我想让他等爸爸妈妈下班回来再买,但他说什么都不听,哭着闹着非要买。我说等我回家拿钱再回来买,他也不同意,非要现在就买。我管不了他,你快来吧。"旭旭奶奶无奈地说道。

旭旭妈妈听后十分生气,急匆匆地赶到超市。旭旭果然还躺在超市地板上哭闹。旭旭妈妈恨不得冲上去把旭旭暴打一顿,最后还是理智战胜了冲动。旭旭妈妈努力控制自己心中的怒气,尽量心平气和地跟旭旭沟通。

"旭旭,你想要一个遥控小汽车是吗?妈妈带你回家,我们一起动手做一个可以吗?"

旭旭停止了哭闹,问妈妈:"能做得和这个一模一样吗?"

"是的,而且你可以做成自己喜欢的颜色。"旭旭听后,高兴地跟着妈妈回了家。回到家,妈妈拿出橡皮泥跟旭旭一起捏小汽车。旭旭专心地玩起橡皮泥来，完全忘记了想买遥控小汽车这件事。

很多孩子像上例中的旭旭一样执拗，自己喜欢的零食或玩具，只要父母不给买，便会以大哭大闹相要挟。这时，为了平息孩子的哭闹，很多父母便会为孩子买下零食或玩具。结果，孩子变得越来越执拗，稍有不如意便故技重施，用哭闹来达到自己的目的。

有的家长认为，执拗说白了就是有毅力，有毅力难道不好吗？有毅力可以是执拗，认死理，但执拗绝非单纯的有毅力。执拗的孩子多数是任性的，脾气暴躁，喜欢一意孤行，不听取他人的意见。这样的性格势必会把孩子推向成功的对立面。所以，如果孩子性格执拗，喜欢哭闹，父母一定要对孩子多加关注，看孩子是否存在害羞、害怕挫折、缺乏自信等表现，然后根据具体原因对症下药。

不管孩子执拗源自哪种原因，转移孩子的注意力都不失为一种高效的方法。

对孩子的不良行为暂时进行忽略。孩子的逆反心理使他们对父母的说教不但不听，反而与父母对着干，所以，当父母将注意力集中在孩子的不良行为上时，不但不能改掉孩子的不良行为，相反会加剧孩子的不良行为。

培养孩子多种兴趣爱好。孩子所执着的一般是他喜欢的、感兴趣的东西，如果孩子兴趣广泛，他便不会对某一件事过分执着了。对执拗的孩子，父母切不可强迫他做不喜欢做的事，避免硬碰硬发生亲子冲突。

利用假期带孩子出去放松一下，帮助孩子调节心情，释放压力，也可以改善孩子执拗的性格。

改变孩子的坏脾气

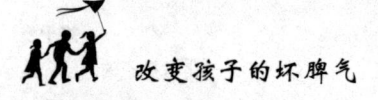

成长点读

当孩子执意要做某事时,父母和孩子不妨各让一步,采取折中的办法,既转移了孩子的注意力,又不会丢掉自己的原则。

下 篇

正面管教——
父母不打不骂，孩子不吼不叫

既然每个孩子都难免会有发脾气的时候，作为父母的我们，此时要做的，不是急着制止和指责孩子，而是把它当作一次教育的契机和助力孩子成长的时机，把他变成"足够好"的孩子，与孩子一起成长。

第十一章　塑造人格，让你的宝贝更有教养

　　一个人能否成功，不在于其智力水平的高低，而在于其是否具有良好的个性品质。良好的品质需要从小培养并长期坚持。具有优良品质的孩子往往能控制情绪，在不经意间给父母带去惊喜。

改变孩子的坏脾气

让孩子拥有一颗关爱他人的善心

一个阳光明媚的午后，美辰和妈妈在郊野游玩。田野中，五颜六色的鲜花吐蕊怒放，就像一张张热情洋溢的笑脸；柔嫩的柳条在风中摇摆，就像一串串欢乐的音符，如此宜人的景致，美辰和妈妈乐而忘返。

这时，一位老奶奶出现在美辰的视线里。只见这位老奶奶两鬓斑白，一只手拄着拐杖，另一只手摇摇晃晃地想要摘花丛中的一朵野花。

美辰不禁大声喊道："妈妈，那位老太太太好笑了。年纪那么大，路都走不稳，还想要摘花呢。"

听了美辰的话，妈妈脸上的笑容消失了，她狠狠地瞪了一眼美辰，快步走到老人身边问道："老奶奶，您有什么需要我帮忙的吗？"

老人转身看了看美辰妈妈，轻声说道："今天是我家老头子的生日，但是他患病卧床十年了，一直念叨着想看看春天的鲜花，我想给他摘一朵，满足他的心愿，但人老了，体力不好，一直摘不到。"说完，老人不好意思地笑了笑。

听完老人的话，美辰妈妈十分难受，她将老人扶到座椅上休息，自己走到花丛中摘了一束最美丽的鲜花送给老人，并把老人送回了家。

回到家中，美辰和妈妈谈起今天的事，妈妈告诉美辰：人一定要有一颗善良的心，当他人需要帮助的时候，不要吝啬伸出援手，有能力帮助他人是幸福的。

第十一章
塑造人格，让你的宝贝更有教养

美辰默默地低下了头。

教育理论家苏霍姆林斯基曾说："善良的情感是良好行为的肥沃土壤。"当下，大部分家长最重视的是孩子的身体健康和智力发展，而并非孩子是否乐于助人、善良、有同情心等。

人一生最重要的品质是善良，善良是人类区别于动物的最重要的品质之一。父母要教育孩子有一颗善良的心，否则，孩子便会生活在狭隘、自私之中。狭隘、自私的孩子遇事会以自我为中心，对他不利便会脾气大发，相信没有一个人会喜欢这样的孩子。

要想孩子善良，父母首先应该用自己的实际行动来影响孩子。例如，父母对长辈要孝顺，对孩子要有耐心，当他人陷入困境时，要及时伸出援助之手。如果有机会，父母还可以带孩子一起去参加一些慈善活动，培养孩子的善良，让孩子以实际行动为需要帮助的人献上爱心。

在有需要的时候，父母也可以向孩子求助，让孩子从身边的小事做起，把爱心一点一滴地渗透到内心深处。对孩子帮助他人的行为要加以肯定，强化孩子的正能量行为。

对孩子的同情心，父母千万不要扼杀。例如，当看到妈妈杀鱼时，有的孩子可能会伤心到落泪。这时，妈妈千万不要责怪孩子，如果有可能，最好不要当着孩子的面进行杀鱼、宰鸡等行为。

引导孩子学会关心他人，如父母、老师、同学等。当孩子的某位同学生病，可以鼓励孩子打去电话问候，或是帮助生病的同学补课等，久而久之，孩子便会关心更多的人了。

当然，需要告诉孩子的是，无论在什么场合，都一定要尽量克制自己的坏脾气，发脾气时说出来的话和做出来的事很可能会伤对方的心，即使

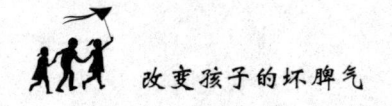

你的初衷是善良的，也会对他人造成伤害。

> **成长点读**
>
> 善良要有底线：当一个人不思进取、一味索取时，请及时收起你的善良。你本是弱势，强势的一方反而要你帮忙，这说明他一定另有所图，请务必收起你的善良。

感恩让孩子的生命更充实

这是一次特殊的家长会，家长会的内容完全与学习无关，主题是"孩子要学会感恩"。

随着家长会的开始，老师给家长们看了一段前几天为了这次家长会给孩子们录的VCR。

在VCR中，老师问孩子们："爸爸妈妈给你们洗过脚吗？"孩子们异口同声地回答："洗过！"

老师接着问："那你们给爸爸妈妈洗过脚吗？"这次的回答没有了第一次的异口同声，有的孩子小声地说："没有洗过。"有的孩子则和旁边的同学议论："我爸爸的脚可臭了，我可不洗。"还有的孩子附和着："对呀对呀，我也不洗。"

老师接着又问："难道我们的脚就不臭吗？为了养育我们，爸爸妈妈用双脚走过的路远比我们想象的要长得多，为什么我们连脚都不愿意给他们洗呢？难道我们只知道一味地享受父母的关爱，而不知道感恩回报吗？乌鸦尚知反哺，孩子们，我们又做了些什么呢？"

VCR播完后，家长们沉浸在孩子们的回答中，全场陷入了沉思。

老师用目光扫视了一下到场的家长，然后意味深长地说："家长们，这

第十一章
塑造人格，让你的宝贝更有教养

就是我们的孩子，对于孩子们的这种行为，我们也应承担起责任啊。"

上例中的现象在我们的日常生活中很常见。父母对孩子的爱是无私的，孩子却认为父母对自己的付出理所应当，有的孩子甚至在享受着父母爱的同时伤害着父母的心，如经常对父母发脾气等。这种不知感恩的孩子在任何场合都不会得到他人的喜爱，尤其当他们走向社会后，会处处碰壁，甚至被社会抛弃。

"谁言寸草心，报得三春晖。""滴水之恩，当涌泉相报。"感恩是中华民族的传统美德，学会感恩对孩子的成长至关重要。

言传身教，懂得感恩的父母才能教育出懂得感恩的孩子。父母经常陪在老人身边嘘寒问暖，帮老人干点家务活，帮老人洗洗脚，孩子也会见样学样，逐渐养成孝顺父母的习惯。父母还要关爱他人，尤其是接受帮助时，一定要表示感谢。从细微处入手，从小事做起更能激发孩子的感恩之心。

孩子不知感恩，有时是因为他觉得想要的东西来得太容易：只要自己一哭一闹，父母便赶紧把自己想要的东西拿到面前。孩子不知道东西的来之不易便不会珍惜，更不会心存感恩。所以，当孩子提出一些要求尤其是一些不合理要求时，父母可以拒绝，或是让孩子通过一些努力来获得。这样，孩子便会感受到在父母的爱和保护下是幸福的。

父母不要总是把"你把书读好就是对我们最大的回报"挂在嘴边，孩子读书是为了自己将来的幸福生活，并不是单纯地回报父母。改掉这句口头禅，理所当然地向孩子索取一些回报，让孩子在"得到"的同时学会"给予"。

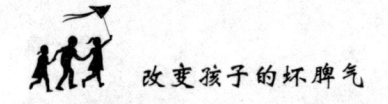

> **成长点读**
>
> 根据孩子的年龄段有意识地培养孩子爱劳动的意识,孩子有责任和义务为家庭做出一份贡献。

诚信是孩子一生受用的品质

王平从小就是一个诚实守信的好孩子。在初中的时候,王平跟刘哲是非常要好的朋友,两人经常形影不离。初中毕业那天,王平和刘哲在校门口站了很久不舍得分离。

刘哲是插班生。刘哲告诉王平,当时因为姥姥年迈需要人照顾,妈妈才带他来这里上学。毕业了,刘哲要回到家乡的城市读书了。刘哲哭着跟王平说:"我家在千里之外的云南,我们这辈子很难再见面了。"听到这里,王平也流下了眼泪。王平拉着刘哲的手说:"没关系,无论你在哪里,我们都是一辈子的好朋友。三年后,高考结束,我一定去看你……"

日子过得飞快,三年的时间转眼间过去了,王平一直记着当时的承诺。高考完第二天,他便和父母说:"我三年之前答应了刘哲,说等高考完就去找他。现在高考完了,我想去兑现我的承诺。"

父母对王平的决定表示支持,并表扬了他信守承诺的品质。爸爸对王平说:"男子汉言而有信值得表扬,虽然咱们家庭不算富裕,但我和妈妈支持你去实现自己的诺言。"

后来,王平在父母的支持下到了刘哲的家乡。刘哲见到王平后,两人激动地拥抱在一起。从此,两家人的交往越来越多,相处得像亲人一样。

"言必信,行必果"是中国人从古崇尚的作风。言而有信会得到他人的肯定，也更容易成功，而一个言而无信的人则不会得到别人尊敬，同时没有人愿意与其合作。每个父母都希望自己的孩子将来能有所成就，所以总是从各方面培养孩子的能力和习惯，其中就包括坚守诚信。

但在现实生活中，很多孩子不守信用，经常说话不算话：说好了看半小时电视便去写作业，结果看了两小时还想看；说好了少吃零食却总是把零食藏起来偷偷地吃……这让父母们大伤脑筋。

其实，培养孩子的诚信并不难，只要方法得当，便一定能帮孩子养成好习惯。

要想孩子诚信，父母一定要诚信。如果父母总是说不再看手机却又禁不住手机的诱惑，同时口口声声地要求孩子不看手机，这样的说教哪来的说服力？如果父母总是制订计划说要锻炼，却总是不付诸行动，又哪来的底气让孩子多运动？所以，不管做什么事，只要是要求孩子做到的，父母一定要先做好表率。答应别人包括答应孩子的事一定要做到，如果实在做不到，要向孩子解释做不到的原因。

当然，父母还可以多给孩子讲一些名人诚信的故事，例如"曾子杀猪"，让孩子以正面积极的人物为榜样，并努力向榜样靠近。

要告诉孩子不要轻易许诺。自己做不到的，一定不要图一时口舌之快。即使感觉能做到的也会存在很多不确定因素。所以，无论说话办事，都要谨慎。如果孩子因为身体不适等而无法实现承诺，则要及时向被承诺方解释，双方再另作约定。

> **成长点读**
>
> 不要惩罚认错的孩子，否则，下次孩子再犯错，便会想尽办法说谎隐瞒过去，以逃避惩罚。

改变孩子的坏脾气

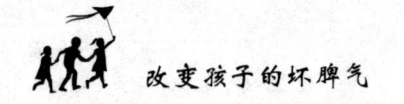

戒骄戒躁，培养孩子的谦虚性格

晨晨是个活泼可爱的小姑娘，不仅成绩优异，家庭条件也很优越。在家里，晨晨是集万千宠爱于一身的小公主；在学校，晨晨是能歌善舞的小明星。在全是赞扬声的环境中成长起来的晨晨有些骄傲自大。因为经常贬低别人，炫耀自己，致使很多同学对晨晨不满，不愿意与她相处。

有一天，同桌向晨晨问一道数学题。晨晨大声地嘲笑同桌："你可真笨，这么简单的题都不会做。"

同桌很生气："你不愿意给我讲也没必要侮辱我。你这么没礼貌，怪不得大家都不喜欢你。"其他同学也小声挖苦道："有什么了不起的，真以为自己是公主啊。"

晨晨从一年级开始便一直是班长，今年却落选了，而且这次几乎没有同学选她。晨晨很伤心，回到家告诉了妈妈并伤心地哭了起来。

妈妈觉得问题可能出在晨晨身上，因为妈妈早就发现晨晨有骄傲自满的情绪。晨晨看不起其他同学，说话也总是没有礼貌，哪一个学生愿意选这样的同学当班长呢？于是，妈妈耐心引导晨晨反思自身的问题。晨晨认识到问题的根源后，羞愧地低下了头，并向妈妈保证一定会改掉骄傲的毛病。

我们常说"谦虚使人进步，骄傲使人落后"，的确，谦虚是一种美德，是一个人成功的基石，而骄傲则是一种不良的心理状态，如果孩子有了骄傲自满的品性，便会与外界形成隔膜，孩子便会变得自私狭隘、目中无人。每个父母都不希望自己的孩子骄傲自满，而希望他们谦虚礼让。

不要过度夸奖自己的孩子，告诉他要戒骄戒躁。当孩子取得进步时，父母要加以肯定和赞扬，但要适可而止，不能过度。过度夸奖孩子很容易使孩子滋生骄傲的情绪，一旦骄傲情绪扎根孩子心里，再纠正起来便困难了。

教孩子客观地评价自己，明白"人外有人，天外有天"的道理，不要把自己的长处挂在嘴上，更不要老在别人面前炫耀自己的成绩。如果对方恰恰比孩子优秀，那岂不是很尴尬？

父母可以给孩子讲"谦受益，满招损"的深义，给孩子讲一些古今中外谦虚礼让的榜样，或是让孩子认识一些谦虚的朋友，"近朱者赤"，孩子和谦虚的人在一起也会受其影响。

切记，父母是孩子的榜样，在日常生活中要谦虚礼让。例如，带孩子坐公交车时，当看到老人、孩子或孕妇上车时，要主动让座。这虽然是生活中的小事，但在孩子的幼小心灵中会种下尊老爱幼和谦让的种子。

同时，父母可以为孩子创造礼让的机会，如有孩子来家里玩，父母可以提醒孩子把自己的玩具分给其他孩子；孩子生日时，让孩子把切好的蛋糕先给爷爷奶奶吃……

成长点读

谦虚也要适度，过度的谦虚会给孩子造成自卑心理，会使孩子心理封闭，胆子小，唯唯诺诺，没有主见等。

培养孩子的责任感和担当意识

浩浩跟天天是非常要好的朋友。

这天放学，天天邀请浩浩去他家玩。浩浩毫不犹豫地答应了。天天家

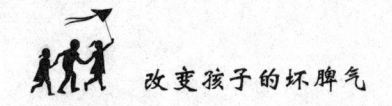

有很多浩浩没有见过的玩具,天天妈妈还准备了很多好吃的水果,浩浩玩得十分开心。浩浩在玩遥控汽车时,不小心把地上的变形金刚踩坏了。而在一旁的天天玩得也正开心,根本没有发现。浩浩有些害怕,但是他没有告诉天天,而是把踩坏的变形金刚偷偷放到了一边。

浩浩回到家一直心神不宁,害怕天天发现那个坏了的变形金刚,连晚饭都吃得很少。妈妈发现了浩浩的异常行为,便追问原因。

浩浩哭着对妈妈说:"我把天天的变形金刚玩具弄坏了,但我没敢告诉他。"

妈妈听后,并没有责怪浩浩,而是温柔地说:"没关系,妈妈知道你不是故意的。但是弄坏别人东西要勇于承担责任,不能做胆小鬼逃避责任。"

在妈妈的引导下,浩浩打电话和天天道了歉。天天也原谅了浩浩。第二天,浩浩妈妈领着浩浩买了一个新的变形金刚赔给了天天。

丹尼斯·韦特利博士曾说:"只有从小就具有责任意识,孩子将来才会成为一个对自己行为负责,对组织、社群尽职的人。"责任心是一个人安身立命的基础,是获得成功的保障。但现在的孩子,越来越缺乏责任意识和担当能力,这是令人担忧的现象。一般来说,从小养尊处优、自私自利的孩子,成年后会缺乏对社会和他人的责任心。你对社会不负责,社会自然抛弃你。

所以,父母在教育孩子的时候,应该培养孩子的责任心,让孩子成为一个有担当、负责任的人。

父母要让孩子明白这样一个道理,责任不仅是成年人应该拥有的,孩子同样需要承担责任。例如,自己做错了事要主动认错,不要找借口或请求父母为自己善后,更不要把责任推卸给他人。

第十一章
塑造人格，让你的宝贝更有教养

孩子自己的事情一定要让他自己做，整理书桌、自己的衣服自己洗，还可以让孩子做一些力所能及的家务，如刷碗、洗菜、扫地、擦桌子等。外出游玩时，让孩子去找公交站，去买票，并告诉他，每个人长大后都是为国家和人民服务的，让他在承担责任时体验到一种"光荣感"。

良好的责任心是要靠坚强的意志和持之以恒的态度来维持的，交给孩子去做的事情，不管大事小事，父母都要及时检查，发现问题及时纠正，决不允许孩子虎头蛇尾，半途而废。

给孩子留出一定的时间，让孩子主动承认错误。不要一发现孩子犯错就大肆批评，而要给孩子留出解释和主动承认错误的时间，否则，孩子很可能会欺骗父母，以逃过责骂和惩罚。

当然，要想孩子有责任和担当，父母首先要以身示范。

成长点读

永远不要认为你的孩子"不负责任"，父母对孩子的否定和质疑很可能会成为孩子未来人生的一种诅咒。

豁达也是完美性格的一部分

壮壮有一支非常喜欢的钢笔，那支钢笔是他生日的时候爸爸送给他的，他还在上面贴了最喜欢的卡通人物。壮壮格外珍惜这支钢笔，把它放到笔盒的最里面，只有在语文练字课上才拿出来用。

小美是壮壮的同桌。这天练字课上，小美说想看看壮壮的那支钢笔。壮壮同意了，但特意嘱咐小美："这是我最喜欢的一支钢笔，你别把它弄坏了。"

小美接过钢笔，看了半天，在她正打算还给壮壮的时候，一不小心钢

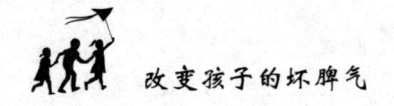

笔掉到了地上，笔尖摔坏了。虽然小美给壮壮道了歉，但壮壮依然很生气。

回到家后，壮壮闷闷不乐地躺在沙发上。爸爸下班看到壮壮不太开心，便询问原因。在爸爸的再三追问下，壮壮向爸爸说了事情的经过。

爸爸坐到壮壮身边，讲起了廉颇跟蔺相如的故事，并告诉壮壮："正是蔺相如的宽容大度使廉颇认识到了自己的错误。如果你是蔺相如，你会怎么做呢？我觉得你可能会和廉颇睚眦必报。"

壮壮忙打断爸爸："不会的，我一定会和蔺相如一样，否则秦国一定会乘虚而入。"

"那你为什么不能原谅小美如此小的错误呢？"爸爸笑着对壮壮说。

第二天，壮壮主动跟小美和好，二人成了很好的朋友。

在日常生活中，每个人都会遇到生气的事，有的人豁达宽容，一笑置之，有的人则小肚鸡肠，非要争个输赢。一笑置之后的结果是双赢，非得争个输赢的结果往往两败俱伤。

"豁达""宽容"是高情商的表征。一个人如果拥有宽广的胸怀和容人的气量，他的成功之路会越走越宽。相反，心胸狭窄，总是为小事斤斤计较的人则很难融入这个社会。因此，在孩子成长的过程中，父母要多培养孩子豁达的胸怀。

多读书是培养孩子包容心的一个重要方法。书中有"海纳百川，有容乃大"的箴言，有名人伟人豁达的故事，无论哪种知识，都能让孩子受益匪浅。书读得多了，孩子心中装满了天文地理、人生哲理，哪还有心思为芝麻小事而斤斤计较呢？

父母要引导孩子学会换位思考，站在对方的角度看待与别人的矛盾。当孩子意识到如果自己站在对方的立场上可能也会做出同样的决定或者还不如对方做得好时，心胸便会豁然开朗。如果孩子换位到妈妈的角度便会理解妈妈的良苦用心和唠叨；换位到老师的角度便会理解老师的艰辛……

金无足赤，人无完人，有缺点和不足是万物的必然，父母要引导孩子正确看待自己和他人的不完善。和他人相处，没有必要求全责备，没有必要和对方在心情不好时所说的话、所做的事较真，多一次宽容和理解便会多一份好心情，为什么非要把自己的情绪逼到崩溃的边缘呢？

父母宽容、大度，遇事不斤斤计较，与邻里、同事融洽相处，孩子便会学父母的样子处理与同学之间的关系。此外，父母还要支持孩子做些自己力所能及的志愿服务，用最大限度的善意去帮助别人，这样，心胸自然会更加开阔。

成长点读

让孩子知道宽容是明辨是非之后对同学、朋友的退让，而不是对坏人坏事的妥协。对坏人坏事是没有必要宽容的。

第十二章　内心强大，积极提升孩子的心理能量

现在的孩子，在家备受宠溺，脆弱得禁不起一点儿风吹雨打，甚至只言片语便会对他们造成伤害。而内心强大的孩子，充满正能量，很少会有负面情绪。要想改变孩子的坏脾气，不妨从现在做起，培养孩子强大的内心。

改变孩子的坏脾气

拥有自信的孩子最美丽

苗欣从小到大一直成绩优异,是名副其实的学霸。清华毕业后,她进入世界著名学府哈佛大学深造,博士毕业后进入美国一家知名的互联网科技公司工作。

苗欣非常满意现在的工作,唯一让她感觉有些郁闷的是公司开会的时候。会上,她的美国同事们各个信心十足地侃侃而谈,开口就是"我对这个课题有十足的把握""我完美地解决了这个问题"……事实上,论起专业能力,这些同事远比不上苗欣。但是性格内敛的苗欣,却始终没有勇气站起来说出自己工作有多么出色、自己专业能力有多么优秀。这也让她多次与好的工作机会失之交臂。

苗欣也很苦恼于自己的"不自信"。在她成为一名母亲后,苗欣更是深刻地意识到培养孩子自信心的重要性。苗欣女儿班上有一个智力有问题的孩子,每次十道题目他只能做对一道。但是就算只做对了一道,老师也会夸奖他,让全班同学一起为他的进步鼓掌。苗欣感慨道:在这样的环境下成长起来的孩子怎么可能不自信?

苗欣也经常鼓励夸奖自己的女儿,看着女儿信心十足的样子,苗欣深感欣慰。

根据实际情况合理降低孩子的目标。当设立的目标太高远,而孩子的能力却相对较低时，孩子可能会因为达不到目标而压力陡增，进而打击孩子的自信心。所以，父母要帮助孩子制定一些切合实际的目标，即加以努力就能实现的目标，实现了目标，孩子便会增强自信心，才能朝着更多更大的目标前进。

训练孩子解决问题的能力。遇到问题应该积极主动地去解决，而不是一味地抱怨。一旦孩子通过自己的能力成功地解决问题后，他便会从中获得很大的成就感，并对自己的能力充满信心。在信心的驱使下，一切皆有可能。

给孩子积极的心理暗示是培养孩子自信的一个行之有效的方法。例如，当孩子遇事畏惧不前时，父母可以对孩子说"你能行""今天失败了，明天可以重来"……这些正面积极的心理暗示能潜移默化地增强孩子的自信心。

俗话说"数子十过不如奖子一长"，父母可以把孩子每天取得的进步和成绩记录下来，在恰当的时候对孩子进行表扬和鼓励。得到父母的赞美后，孩子自然会信心大增。

很多时候，孩子缺乏自信心是因为自卑，自卑是一种消极的自我评价或自我意识。自卑使人消沉，有时甚至会使人走向毁灭。所以，家长要及时为孩子卸掉自卑这个沉重的心理包袱。例如，父母可以给孩子找一些名人、伟人自信的故事，用榜样的力量激励孩子，让孩子产生"我也行"的想法，消除其自卑心理。

成长点读

告诉孩子，完美无缺的人是不存在的，不要老关注自己的缺点和不足，要将注意力转移到自己感兴趣也最能体现自己才能的活动中。

改变孩子的坏脾气

换个角度，困境也是一种赐予

一天，老师组织小朋友一起去户外郊游，并让小朋友们用画笔画下自己看到的美景。可可想画蓝天时却发现自己的蓝色蜡笔忘记带了，便向旁边的小小借用。但小小拒绝了可可，原因是他自己正在使用。

可可生气地站在原地不知该如何是好，有一种想发火却发不出来的感觉。

老师很快注意到了可可的情绪："可可，为什么不开心？"可可说："我想画蓝天，但是我没有带蓝色的蜡笔。"老师继续问："那你有没有试着借别的小朋友的蜡笔用下呢？"可可说："借了，小小说他自己还要用。"老师笑着说："那你有没有告诉小小你可以等他用完了再用呢？"

可可摇了摇头说："没有，但他肯定不愿意借给我。"老师笑着说："那你怎么不再去试试呢？"

于是，老师带着可可去找小小，正好小小已经画完了蓝天。

看着老师鼓励的目光，可可语气有些不自信地问小小："我现在可以借用一下你的蓝色蜡笔吗？"

小小把蓝色蜡笔递给可可："拿去，我已经用完了，我要画绿草了。"

老师笑着摸了摸可可的头："你看，有时候再勇敢地尝试一次说不定就成功了。"

孩子在成长的道路上，必然会遇到各种困难。很多时候，家长们会冲在前头，把困难提前帮孩子解决掉，并美其名曰"一切为了孩子"。其实，家长的这种做法是大错特错的。各种原因使然，当下孩子的抗挫能力本身就很差，所以，一些孩子一遇到困难就退缩，于是，孩子离家出走或自杀的报道时常见诸报端。如果孩子拥有了抗挫能力，当遇到问题时，即使家人不在身边，他们也能应付自如。

如果孩子第一次尝试没成功，可以鼓励孩子再试一次。例如，当孩子总是拼装不好买回来的飞机模型时，父母可以对孩子说"马上就成功了，再试一次吧""你真棒，妈妈连个机翼都没拼好过，我相信下一次你肯定能拼装好"。面对困难，不应采取回避的态度，而应面对现实，勇敢地向困难发起挑战。

如果孩子能在困境中勇敢坚持，不管最后的结果是成功还是失败，都应该毫不吝啬地对其进行赞许，一句"你能行""你真勇敢""你做得真好"便能帮助孩子树立信心，激励他努力克服困难。

引导孩子培养广泛的兴趣爱好。一旦孩子有了广泛的兴趣爱好，他们便会乐此不疲，培养起快乐的性格。比如，一个喜欢唱歌的孩子，即使他身处困境中，他也往往能用歌声赶走心中的阴霾，在这种情况下，困境往往会发生逆转，就像人们常说的一句话："爱笑的人往往会有好运气。"

当然，如果能学会利用逆境则更好。即使孩子没有战胜困难的能力，在逆境面前失败了，父母也无须苦恼。对于成长中的孩子来说，失败并不可怕，哪个成功人物没有经历过无数次失败呢？失败了可以及时总结教训，支持孩子为下一次的尝试积累经验。

> **成长点读**
>
> 父母要把失败作为教育孩子的契机，并给孩子树立不畏困难、战胜挫折的榜样，这有助于增强孩子勇敢面对挫折的信心。

以积极乐观的心态面对生活

明明是个性格内向的孩子，平时不爱说话。原本他有一个幸福的三口之家，但去年夏天，明明的爸爸不幸遭遇车祸去世，明明妈妈很伤心，每天以泪洗面。明明虽然不善言辞，情感却很敏感。在妈妈自顾不暇的情况下，明明只能独自消化负面情绪。

自爸爸离开后，明明更加沉默寡言了。班主任在得知明明的情况后，便主动帮助明明。班主任经常找明明谈心，及时帮他化解负面情绪。刚开始，明明对班主任的关心非常戒备，但是随着了解的逐渐深入，他对班主任老师的关心不再排斥，逐渐敞开心扉，性格也开朗了起来。

明明对班主任说："我其实很害怕回家，每次看到妈妈悲伤的眼神，我也会忍不住想哭。"

班主任怜惜地摸了摸明明的头，坚定地对明明说："你要坚强，你要带着妈妈一起走出阴霾，一起乐观地面对生活。"

一天，明明放学回到家，妈妈的眼睛红红的，明明知道妈妈肯定又偷偷地哭了。于是，明明像个小大人似的安慰起妈妈。看到善解人意的孩子，想到自己有责任把孩子抚养成人，妈妈擦了擦眼泪，向明明表示自己一定会坚强下去。

英国作家萨克雷说过："生活就像一面镜子，你对它笑，它就会对你笑；你对它哭泣，它也会对你哭泣。"对于每个人来说，不管面对何种情况，只要觉得自己是个失败者，生活便会如死水微澜。如果用充满阳光的积极乐观心态面对生活，便能让心情快乐起来，让生活中处处充满笑声。

对成人如此，对孩子同样如此。

每个父母都希望自己的孩子乐观开朗，乐观地生活，生活中处处有阳光。否则，遇事情绪低落，晴天也布满阴霾。培养积极乐观的心态，能为孩子塑造健全健康的人格，有利于孩子的成长。

要培养出具有积极乐观情绪的孩子，父母千万不要在孩子面前过多抱怨。父母有悲观情绪，孩子也难免悲观。例如，孩子正想出去玩，天却下雨了，可以对孩子说："下雨真好，空气湿润，不爱生病。"而不是说："真烦人，又下雨了。"

树立正确的人生观能积极面对生活。人生观，即对人生的看法、观念，也是对人生所存在的目的、价值及意义的看法。树立正确的人生观，能使孩子从小养成良好的生活和学习习惯，在性格上更加积极向上，也会影响孩子未来的发展。

父母要帮助孩子及时排除不良情绪的干扰。孩子尤其是自尊心强的孩子很容易产生悲观情绪。所以，父母要经常观察孩子，一旦发现他们有异常表现，便要及时输导，帮助孩子解决问题，不要让孩子一直处于悲观情绪之中。

此外，父母还要感受孩子的不良情绪。对于孩子表现出的悲伤或软弱，父母应引导孩子尽情发泄。坏情绪得到了发泄，心情自然会好转。事实证明，随时可以从父母那里得到坚定支持的孩子，能对生活保持积极的态度。

成长点读

父母要鼓励孩子多交朋友，学会与他人分享。让孩子多参加有意义的活动，多接触正能量的东西。孩子感受到社会的美好，自然会积极面对生活。

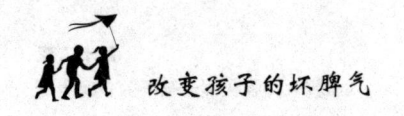

加强竞争意识，但不要争强好胜

欣欣今年上小学二年级，是个听话乖巧的小女孩。欣欣却有一个很大的缺点，就是做什么事都不积极，总是一副与世无争的样子。

这一天，欣欣的老师在班级群里通知班里要竞选班长，让家长鼓励孩子积极参与。别的小朋友都积极地准备竞选，欣欣却一副事不关己的样子。妈妈一直认为欣欣缺少竞争意识，做事散漫，所以她想让欣欣参加班长竞选。

"你们班在竞选班长，你想不想参加？"妈妈问欣欣。

欣欣摇了摇头："我才不想当班长呢，又没有什么好处。"

欣欣的回答在妈妈的意料之中，妈妈坐到欣欣身边，给欣欣讲起了当班长的好处："当了班长可以更好地督促你学习，能给同学们树立榜样是多么光荣的事啊！而且，班长永远是最先知道班级活动的人，不是吗？"

听了妈妈的话，欣欣蠢蠢欲动，决定参加班长竞选。到了竞选的日子，同学们都积极踊跃地参加，欣欣竞选演讲的时候表情自信、逻辑清晰，赢得了同学们的掌声。最终欣欣成功当选班长。

现代社会充满了机遇，也充满了竞争。竞争意识是现代社会中个人、团体乃至国家发展过程中不可缺少的，有竞争，社会才会有活力，世界才会有进步。所以，从小培养孩子的竞争能力，才能使孩子长大后更好地立足社会和服务社会。

从小树立正确的竞争意识必不可少。孩子间的竞争意识不是争强好胜，唯我独尊，而是要教育孩子通过上进和努力学习与他人竞争，找到自己与他人的差距，取长补短，以实现更快地进步。

父母可以为孩子树立一个合适的竞争对手。当然，选择的竞争对手一定是比孩子能力强的，但差距不要过大。差距过大，会使孩子失去信心；而如果离竞争对手的距离比较实际，则更容易获得成功。

鼓励孩子参与学校的各种文体活动。参加这些活动不仅能使孩子获得相应的知识，孩子在这些活动中还会因不甘落后而增加竞争意识。像上例中的欣欣积极参加班长的竞选便是竞争能力的一种体现。而且，竞选班干部还能体现出孩子勇敢的性格特征。

培养孩子的竞争意识固然重要，但也要防止孩子争强好胜。很多孩子输了就乱发脾气，赢了就扬扬得意，这种现象家长要特别注意。争强好胜的孩子很容易被周围的人孤立，长此以往，会给孩子的心理造成障碍。所以，父母要正确引导孩子，让他们明白在比赛中要通过规定的竞技取胜，并使对方心服口服，如果输了，要明白输在了哪里，以平息他们争强好胜带来的坏脾气。当然，培养孩子竞争意识的同时，也要培养孩子的合作意识，孤军奋战的人终将会被现代社会淘汰。

> **成长点读**
>
> "我的孩子比你的强""我的工作比你的好""我家钱比你家多"，这些话是不是很耳熟？千万不要把这种争强好胜传染给我们的孩子。

学会分享，生活可以变得更美

花花和晨晨是一对年龄相仿的好朋友，他们俩经常在一起玩。但让人哭笑不得的是，两个孩子一见面总是会吵架。

一个周末，花花去晨晨家玩，两个孩子一会儿玩捉迷藏，一会儿玩过

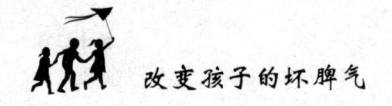

家家，玩得非常开心。到了吃午饭的时间，妈妈要带花花回家。但是，两个孩子不想分开，一个不想走，一个不让走。

看着两个孩子恋恋不舍的样子，花花妈妈也心存不忍，加上晨晨妈妈的盛情挽留，花花和妈妈便留在晨晨家里吃午饭，两个孩子吃完饭后又一起玩了起来。

晨晨家的玩具非常多，花花每个都想玩。其中，有一个晨晨特别喜欢的飞机模型，晨晨自己平时都舍不得玩。但是花花很喜欢，哪怕玩一会儿也行，于是，她趁晨晨不注意，偷偷地拿起那个飞机模型玩了起来。

晨晨看到花花玩飞机模型后非常生气，不仅大声呵斥，还动手打了花花。花花哭着跑到妈妈面前："妈妈，我们回家吧，我再也不和晨晨玩了，他不让我玩他的玩具。"晨晨妈妈安慰着花花，蹲下身对晨晨说："晨晨，你要学会分享，分享才会让你拥有更多的朋友。"

听了妈妈的话，晨晨虽然还嘟着个小嘴，但他紧抓着飞机模型的手松了下来，他把模型推到花花面前："对不起，花花，我们一起玩吧。"

看着两个孩子又高兴地玩到了一起，妈妈们不由得笑了起来。

很多家长过分溺爱孩子，使孩子养成了自私自利的习惯。自私的孩子大多蛮横霸道，很容易与周围的人发生矛盾或冲突，不受同伴欢迎，所以往往会形成孤僻、偏执的性格。于是，在现实生活中，出现了很多像晨晨一样喜欢独享的孩子。对此，我们不应指责打骂，而应像晨晨妈妈那样，引导孩子学会与他人分享。

引导孩子学会分享，我们可以从以下几点做起。

以身作则，做好榜样。父母是孩子模仿的对象，如果父母没有分享的习惯，孩子自然也不会喜欢与人分享。所以，父母要做好表率。在家庭成员之间相互分享，邻里之间、朋友之间相互帮助，当别人有困难时，主动伸出援助之手。在父母的影响下，孩子自然耳濡目染，主动做一些助人为乐的事。

让孩子主动承担家庭责任。父母要鼓励孩子自己的事情自己做，让孩子在享受父母带来的基本物质生活条件的同时，也要意识到自己是家庭中的一分子，让他为这个家做一些力所能及的家务活，例如扫地、擦桌子等。

鼓励孩子的分享行为。如果孩子做出了分享行为，家长要及时给予鼓励，以强化孩子的这种行为。父母还可以邀请孩子的一些朋友来家里玩，在玩的过程中，让孩子把水果、玩具等分享给大家，让孩子体会到分享的乐趣。

> **成长点读**
>
> 学会分享，有助于促进家庭和谐，能够使朋友间的关系更加融洽，让孩子体会到自己的人生价值。

不要刻意回避死亡的话题

甜甜和周周是一起长大的好朋友，又是同班同学，因此关系格外亲近。

一年夏天，周周跟父母回老家过暑假，结果在玩耍的时候不幸跌入池塘溺亡。甜甜在得知这个消息后，精神状态一度崩溃，晚上更是频繁被噩梦惊醒。甜甜的父母十分担心，用了各种方法想让甜甜开心起来，但甜甜依然沉浸在悲痛之中。

为了让甜甜忘记周周，父母为甜甜办理了转学，还刻意搬了一次家，但收效甚微。最后，父母只好带甜甜去医院接受心理干预。经过一段时间的治疗，甜甜才慢慢好转起来。

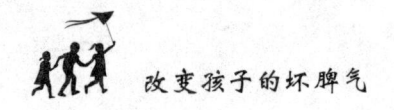

小辉是爷爷奶奶带大的孩子。在他四岁的时候，爷爷生病去世了。从那之后，小辉开始变得胆小，每天必须开着灯才能睡觉，而且，他非常害怕去爷爷以前住过的房间，看电视时也会莫名其妙地流泪。一天，小辉睡觉时哭醒了，他问爸爸："人为什么会死？我不想死。"爸爸紧紧地抱着小辉，拍了拍他的后背，温柔地说："死亡是很遥远的事情，爸爸妈妈会保护你好好长大的。"直到小辉上初中，他的状况才逐渐有所改观。

作为家长，我们都希望孩子有一个无忧无虑的童年，所以，我们总是让他接触我们认为快乐的事，对于能引起他悲伤的事则避之又避。这种想法是好的，年幼的孩子心理脆弱，承受力差，如果接触到令其悲伤的事，恐怕他会出现一些令人意想不到的异常反应，有的孩子还可能会出现悲观厌世的情绪。但是，无论我们怎样保护孩子，孩子迟早会面临诸如死亡这样的话题。这时候，我们不应反应过激，而应对孩子加以正确的引导。

首先，让孩子明白大部分生物会死亡。如果孩子因小宠物不幸离世而悲伤，我们可以先和孩子把宠物的尸体埋了，然后告诉孩子，"它死了，它和我们分开了""这其实是非常自然的事，你不需要悲伤"。如果孩子生命中的亲人去世了，我们可以用自然界中树叶由绿变黄而后凋零的例子来描述死亡。如果我们刻意回避这个死亡话题，孩子会更加觉得死亡是一件神秘可怕的事，给其心理造成阴影。

其次，和孩子一起感受悲伤。每个人都会有悲伤的情绪，成年人可以通过参加祭祀等方式来宣泄，而孩子则往往只能发脾气或郁结在心里。这时，我们可以引导孩子通过一些途径如绘画、唱歌等表达出内心的情绪，当然，在这一过程中，我们不能表现得太过悲伤，以免感染孩子。

最后，我们可以和孩子分享面对亲人死亡的经验，用自己的感受告诉孩子应该怎样度过有亲人死亡这个阶段。当然，我们也不要介意在孩子面前流露出悲伤的情绪。让孩子感觉到我们和他们有一样的感受，他们便不会感觉到孤单。

> **成长点读**
>
> 可以这样向年龄小的孩子描述死亡："生命已经结束，他不会再走路，不会再有感觉，不会感觉到饥饿、炎热和寒冷，也不会呼吸、说话和吃饭。"

第十三章　遵守规则，
　　　　在孩子心中植下自控基因

　　自控力是孩子成长过程中必不可少的能力，它可以帮助孩子更好地适应社会环境，处理情绪和压力，并且取得更好的成绩。而年纪小的孩子却很容易受到外界各类信息的干扰，不能控制好自己的思想和行为。这时便是需要父母出手的时刻了。

改变孩子的坏脾气

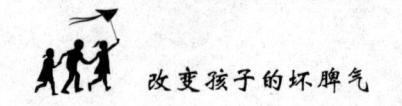

拥有自控力的孩子最出色

小强跟小旭是同一个班的同学，二人是好朋友，成绩也差不多。疫情期间，学校组织上网课。小强自控力很差，每次都自作聪明地用平板挂着网课，实际上却躲在摄像头看不到的地方用手机打游戏。小强并不是个例，班里很多孩子都是如此。小旭的父母分别是警察和医生，平时很忙，没时间陪在小旭身边。每天早自习，很多孩子起床打个卡就继续睡觉了，而小旭自控力很强，每天都会早早起床，认真听网课做笔记。

疫情结束，孩子们重新回到学校学习。老师发现班级孩子的成绩出现了两极分化的现象。有的孩子对于网课讲过的知识点一问三不知，而有的孩子对于老师讲过的知识点已经熟练掌握。老师也很无奈，课时比较紧张，不可能重新再讲一遍，只能快速地回顾一遍网课知识点。线下考试时，学生的成绩也出现很多变动，原本成绩还不错的孩子成了班级垫底，也有很多像小旭这样自控能力强的孩子实现了弯道超车。小旭一直名列前茅，这次考试更是取得第一名的好成绩，没有因为疫情原因而掉队。小强的父母在得知孩子成绩后，只能给他安排了很多补习班补课。

孩子没有自控力是很多家长烦恼的事：孩子控制不住自己的情绪，大哭大闹；到睡觉时间还在看电视，任由父母怎么催促都不管用；玩了半天也不主动去学习……其实，孩子自控力差有很多原因。

第十三章
遵守规则，在孩子心中植下自控基因

家人过度溺爱是孩子自控力差的最主要原因。父母处处以孩子为中心，使孩子养成了凭自己喜好来做事的习惯。父母自控力差也是孩子自控力受影响的一个原因。例如，爸爸总是对妈妈发脾气，因为一些小事便会暴跳如雷。耳濡目染下，孩子的脾气也会变得火暴。再如，父母每天捧着手机看，孩子怎么能不受影响安下心来学习呢？

此外，父母或家人不一致的教育方法也会使孩子养成自控力差的习惯。例如，孩子已经养成了每天阅读的习惯，但有几天家人一起去旅游，父母便觉得只是几天不读书而已，孩子便有了可以不遵循规则的侥幸心理。

要想培养孩子的自控力，父母首先要控制好自己：说放下手机就放下手机，说陪孩子阅读就坐下来陪孩子阅读……不能说一套做一套，也不能半途而废。给孩子做个表率，孩子看到父母做到了，自然也会效仿父母尽量做到。

如果孩子比较小，家长可以给孩子适当的诱惑。例如，如果孩子没写完作业便想出去玩，可以告诉孩子，写完作业后可以出去玩一小时，如果你现在出去玩，必须半小时后回来写作业。如果做不到，便给予一定的惩罚。

当孩子在自控力方面有了一定的进步，父母一定要给予肯定，让孩子心甘情愿地去努力、去改变。

成长点读

父母可以通过和孩子玩一些棋类游戏、拍球或跳绳等来锻炼孩子的注意力和耐心。

改变孩子的坏脾气

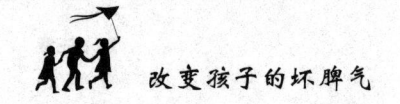

立好规则孩子才会守好规则

一个周末,爸爸带小伍到附近的游乐场玩。周末的游乐场总是人满为患,尤其是孩子比较多。小伍喜欢滑滑梯,便朝滑梯跑了过去。滑梯上下都是人,几个孩子正在那儿排队,小伍自觉地站到了最后一个孩子的身后。

马上快到小伍滑滑梯了,这时,一个四五岁的小男孩横冲直撞地站到小伍的队伍前面,挤到最前面去玩滑梯。因为这个孩子年纪较小,站在他身后的孩子没有作声。谁知,这个小男孩刚滑下去,又跑过来插队,且正好挤到了小伍的前面。小伍一不小心摔倒了,随之而来的是脚踝处传来的阵阵疼痛,小伍不由得大声哭了起来。

听到哭声后,小伍爸爸忙跑了过来,别的家长也跟着跑了过去。小伍爸爸扶起小伍,关切地询问情况。

"叔叔,是前面那个小男孩把他撞倒的。"小伍身后的一个孩子向小伍爸爸陈述着。

听了这个孩子的话,周围的家长纷纷指责这个不排队的小男孩,而这个小男孩的妈妈却理直气壮地跟大家争辩:"孩子这么小,他哪知道要排队啊。"

"孩子小就能不排队吗?孩子不懂规则,你不知道教吗?"周围的几位家长越吵越凶,在工作人员的干预下才没有发生太大的纷争。

没有规矩不成方圆,生活中规则无处不见,体育竞技有规则,交通出行有规则,办公室里也有规则……没有了规则,一切会变得无序,社会将陷入一片混乱之中。

第十三章
遵守规则，在孩子心中植下自控基因

其实，孩子的意识里是没有规则的，他们对新鲜事物充满了好奇，并向往探索未知世界，在这一过程中，他们会不断地破坏规则，也因此而受到一些打击或伤害。这时，父母们要做的是既保证孩子对外部世界的探索精神，又要培养孩子的规则意识。

有了规则意识，孩子可以更好地规范自己，管理自己的学习和生活，提高学习效率；有了规则意识，孩子可以自我保护，同时不会伤害他人；有了规则意识，孩子便能更好地去学习其他规则，如社会规则。

父母可以与孩子一起制定一些规则，并和孩子一起遵守。例如，他人休息时，不能发出太大的声音；吃饭时不能看电视；玩完玩具要自己收拾好；不能喝碳酸饮料；等等。最好把这些规则用白纸黑字写下来，并规定违反规则的惩罚措施。

在体育运动中培养孩子的规则意识。与孩子做一些有规则的游戏，如各种棋类、球类运动等都有严格的规则。这些运动能加深孩子对规则的理解，帮助他们建立规则意识。

订立规则后，父母一定要坚持原则，不能朝令夕改。当孩子在遵守规则方面有良好的表现时，要对孩子进行鼓励，这样孩子才会有遵守规则的动力。

此外，要培养孩子的规则意识，父母需在日常生活中做好遵守规则的榜样。

> **成长点读**
>
> 父母给孩子订立的规则要符合孩子的成长规律，所立规则不能过高，这样的规则才能发挥最大效用。

改变孩子的坏脾气

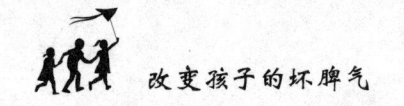

帮助孩子告别严重的拖延症

张福晨今年上小学二年级,她有一个坏习惯,就是平时做事总爱拖延。每天的事情,她都要等父母催促好几次才能完成。如果父母不催她,她永远也不知道着急,直到临睡前才磨磨蹭蹭地开始写作业。因为女儿的拖延症,张福晨的父母很是着急,但是张福晨依旧没认识到自己的问题。

张福晨非常喜欢天文学。今年寒假,老师组织了一场去北京天文馆的参观活动。因为要赶早上八点半的高铁,老师再三叮嘱同学们要提前半小时到高铁站集合。

去参观的那天早晨,妈妈六点的时候叫张福晨起床,但直到六点半张福晨才不情愿地从被窝里爬出来。妈妈实在看不下去了,便催促道:"不要再磨蹭了,否则会赶不上高铁的。"

张福晨抬头看了看才七点钟,觉得还早,便慢悠悠地洗漱起来。

在妈妈的再三催促下,张福晨终于从洗手间出来了。坐到餐桌旁,张福晨还是不紧不慢,边吃饭边看漫画书。在妈妈又一番的催促下,张福晨才放下漫画书。

妈妈带着张福晨在去高铁站的路上遇到了堵车。最终,张福晨没能赶上去北京的高铁,错过了参观天文馆的活动。

这次之后,张福晨终于彻底认识到自己的错误,渐渐改变了拖延的毛病。

很多孩子像张福晨一样有拖延症,干什么事都是磨磨蹭蹭、不紧不慢的,不到万不得已的时候绝对不会去做。其实,很多成年人在工作中也是拖拖拉拉。

拖延的原因有很多种，有的人因为讨厌做某件事而拖延，有的人因为过于追求完美而拖延，有的人因为对做某件事没有把握而拖延，有的人则因为做事前紧张而拖延……当拖延成了习惯，便会吞噬人的意志，让人丧失进取心，最后只能被这个社会淘汰。

父母要给孩子树立守时的榜样。在日常生活中，父母要养成守时的好习惯，不拖拉懒散。孩子有极强的模仿力，一般来说，不拖拉的父母很少会培养出拖拉的孩子。

给孩子制订阶段性计划，让孩子一步步克服拖延，直至他能主动去实现目标。如果孩子有进步要给予鼓励，否则要接受一些惩罚，为了逃避惩罚，孩子便会努力克服拖延。

很多父母对孩子的事总爱包办代劳，例如，每天早晨把孩子的书包等准备好，孩子晚些起床吃个饭就可以背上书包去上学了。如果父母拒绝为孩子做这些准备工作，原本拖拉的孩子便很有可能因此而迟到。受到老师的几次批评后，相信孩子自己便会提前起床做好上学前的准备了。让孩子切身体会到做事拖延的后果比给他讲一万句让他改掉拖延更有效。

有些时候，孩子拖延并不是有意的，可能是做事方法不对。这时，父母需要向孩子传授一些做事的技巧，帮助孩子提高做事效率。

成长点读

拖延症并非只隶属"坏习惯"范畴，还可能是生理原因造成的，大脑前额叶皮层功能区受损或不活跃时，人的注意力会受到严重影响，做事效率便会显著降低。

改变孩子的坏脾气

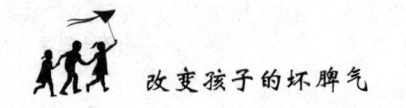

让孩子为自己的违规行为埋单

田田是个五岁的小男孩,他非常喜欢喝一种果汁,每天早晚都会叫妈妈给他倒上满满一大杯。这天,妈妈在午睡,田田又想喝果汁了,他想把妈妈叫醒,但妈妈太累了,他叫了几声都没有把妈妈叫醒,他便走进厨房,想自己拿果汁喝。

因为冰箱比较高,他踩着小板凳也拿不到放在最上层的果汁。田田一生气,拿起厨房里的一把勺子,在冰箱里一顿乱扫,冰箱里的东西有的掉落到地上。看着自己爱喝的果汁洒了一地,田田大哭起来。这时候,妈妈终于醒了,她跑进厨房,看到一地的狼藉和正不知所措蹲在地上大哭的田田,妈妈忙问是怎么回事。

田田气呼呼地对妈妈说:"你不给我拿果汁喝我就把所有东西都打碎。"

妈妈并没有责怪田田,而是给田田擦了擦眼泪,温柔地安抚他,然后对田田说:"冰箱里的果汁是为你这几天准备的,现在都洒了,所以,这几天你没有果汁喝了。"任由田田哭闹让妈妈再去买果汁,妈妈也不为所动。

没有不犯错误的孩子,对孩子来说,犯错误是家常便饭,如果每次犯错后都由父母为其善后,孩子做什么事都不会用心,因为他们会觉得即使他们再一次做错了,依然会由父母替他们埋单,而他们自己不会受到任何影响。如果父母狠下心来,和上例中的田田妈妈一样,让孩子为自己的错误行为埋单,相信孩子便会认识到自己所犯的错误,以后自然会避免重蹈覆辙,因为他们已经从上次的错误中吸取了教训。

需要注意的是，千万不要拿成人的标准去衡量孩子的对与错，否则，对错误的惩罚不但起不到警示的作用，相反，还很可能会让孩子自暴自弃，使我们的教育南辕北辙，朝反方向发展。所以，父母可以和孩子一起制定一些双方都能接受的规矩，并明确告诉孩子，如果违反了这些规矩，后果由自己而不是由父母来承担。例如，孩子想学习跆拳道，父母可以答应给孩子报一个培训班，但同时和孩子约定不管遇到什么困难必须坚持下来，如果中途退出，孩子需要做一个学期的家务来偿还父母报培训班的费用。在规矩的约束下，在惩罚的震慑下，孩子自然会自觉减少他的违规行为。

孩子做错事进行合理的惩罚是十分有效的教育手段，惩罚要合理，要在孩子可承受的范围内。这样的惩罚不但不会对孩子造成身体和心理上的伤害，还会使孩子变得更加坚强，也可以有效锻炼孩子的意志，让孩子在成长过程中更加自律。

成长点读

孩子犯了错要立即惩罚，要告诉孩子惩罚他的原因，且惩罚要严格，不能打折扣。

把孩子培养成守时小达人

小亮妈妈是一个时间观念特别强的人，因此她非常注重培养小亮的时间观念，尤其在一些生活中的小事上。

为了保护小亮的视力，妈妈曾和小亮约定每天只能看半小时的电视。一天，吃完晚饭后，小亮打开电视看动画片。不知不觉，半小时的时间到了。但动画片正好播放到最精彩的地方，小亮就假装自己没有注意到时间，继续若无其事地看下去。

"你怎么还在看，不是说好半小时吗？时间已经到了，把电视关掉吧，你可是答应我的。"妈妈生气地说道。

"妈妈，现在正是最精彩的地方，再让我看一会儿吧。"小亮撒娇地对妈妈说。

"不行，已经半小时了，你要有时间观念，不能随便改动我们的约定。"妈妈严肃地回答。

小亮感到十分委屈，因为妈妈连这点儿小要求都不答应他。看到小亮伤心得快哭了出来，妈妈也非常心疼，她拍了拍小亮的肩膀："妈妈是为了保护你的眼睛，而且男子汉要说话算数，你不看电视，妈妈陪你做游戏怎么样？"

"好吧。"小亮虽然不情愿，但还是关掉了电视。

之后，小亮妈妈再也没有和小亮因为看电视产生过矛盾。小亮每次看电视都严格遵守和妈妈的约定，即使妈妈不在家，他也会只看半小时便关掉电视。

我们常说"一寸光阴一寸金，寸金难买寸光阴"，这句话说明了时间的重要性。时间是最公平的，给予每个人的都是均等的，不同的是，善待时间的人，时间也善待他；浪费时间的人，时间会让他一生虚度。

相信很多父母和小亮一样没有时间观念，从早晨刚一睁眼到上学前，都是在父母的催促声中度过的，甚至是今天应该做的事拖到明天，明天要做的事拖到后天，后天要做的事拖到大后天……父母与其空叹孩子没有时间观念，不如行动起来，帮助孩子养成珍惜时间的好习惯。

培养孩子任何一种习惯都不是一朝一夕的事，而是长期坚持的结果，这就要求父母培养孩子的时间观念时要狠下心来坚持到底，不能因特殊情况就放弃。例如，和孩子约定每天起床时间为六点半，夏天的六点半太阳已经升起，而冬天的六点半天还黑漆漆。于是，有的父母心疼孩子起得早，便在冬天把起床时间往后延，结果，久而久之，孩子便不再按规定时间起床了。

一般来说，孩子越小，好习惯越容易养成。随着孩子成长，他们会有自己的认知，还会有逆反心理，这时再培养他们的习惯会比较困难。所以，培养孩子的时间观念最好从孩子小时候抓起。在孩子小的时候，便给孩子定下规矩，制定符合规律的作息时间。但是，如果父母本身的生活就没有规律，孩子在认识时间、遵守时间方面便会无所适从。

当孩子做到守时后，父母一定要给予表扬，强化孩子的行为，调动孩子的内在动力，激发孩子朝着守时小达人方向发展。

成长点读

把孩子每天需要完成的任务进行时间预计的同时，一定要给孩子留下可自由支配的时间，每天1~2小时即可，无须太多。

科学引导孩子的合理消费

春节是一年中最重要、最喜庆的节日，尤其是孩子们最期待的日子。因为在这一天，他们可以拿到很多长辈给的压岁钱。

张小是小学四年级的学生。春节期间，家中的亲戚都会给张小压岁钱，有的给得多，有的给得少，张小每年收到的压岁钱都超过了千元。

今年，张小在期末考试中获得了班级第一的好成绩。为了奖励张小的努力，家人决定今年给张小的压岁钱翻倍。收到这么多压岁钱，张小开心得不得了。

春节假期还没结束，张小便思索着如何规划使用这笔巨款。

"妈妈之前不给我买的游戏机和各种零食，我自己可以花钱买，不用再去求妈妈了。还有那款我心仪已久的自行车，我也一定要买到手。要是其他同学看到我骑着新自行车上学，肯定都会羡慕我，简直太酷了。"张小情不自禁得笑了起来。

张小同班同学小美也很兴奋，她也在春节期间收到了不少的压岁钱，她也想好了如何消费。她准备在快开学的时候去理发店剪个美美的发型，再去商场购买几件新衣服，把自己打扮得漂漂亮亮的。

同班同学小飞更是激动，几天内，他便把自己的压岁钱全花光了。他买了一双限定版篮球鞋，还买了一套最新款的名牌运动装。他也想给自己换一辆崭新的自行车。

现在的孩子都会有一定数额的零花钱，尤其是过年，长辈们给的压岁钱更是以成百上千计。这时，很多孩子便会和上例中的小飞、小美和张小一样，胡乱花钱，直至挥霍一空。

面对孩子的挥霍，父母们虽头痛却倍感无奈，他们想收回孩子手中的钱但又不忍心让孩子受委屈。而且，那时候孩子肯定会大哭大闹、乱发脾气。其实，孩子手中有钱并不可怕，可怕的是孩子没有理财意识，不能够理性消费。随着年龄的增长，孩子不可避免地要与金钱打交道，孩子是否具有理财能力和理财能力如何，将决定他的一生是富裕还是贫穷。

要把孩子培养成理智的消费者，父母便要分析孩子的消费决策。孩子的消费有时是因为他喜欢某件物品，有时则是因为攀比。例如，孩子身边有好几个孩子都穿了某一品牌的运动鞋，孩子便会认为这款运动鞋质量好，他也要买。其实，他并不是非要穿那个品牌的运动鞋不可，而是他心中因攀比而产生的虚荣心理在作祟。这时，父母可以向孩子讲解攀比和虚荣对人的有害之处。如果家庭条件有限，可以向孩子说明实情，让孩子理解父母生活的不易。没有了攀比之心，孩子自然不会再胡乱花钱了。

父母可以给孩子一定的零花钱，让孩子自由支配，但每笔支出都要做记录。告诉孩子要珍惜每一分钱，如果造成了浪费，便给予一定的惩罚或是"剥夺"孩子自由支配钱财的权利。当然，这是针对年龄稍大的孩子而言。

必要时，可以减少孩子的零花钱，以此来遏制孩子的购买欲，还能引起孩子对金钱的重视程度和如何使用金钱的思考。当然，在这一过程中，父母的态度必须始终如一，否则会前功尽弃。

成长点读

给孩子一个记账本，让他记下每一笔开销，如果发现了"漏账"现象，便以适度降低孩子的零花钱标准作为惩罚。

第十四章　多交益友，提高孩子的社交能力

在成长的过程中，有些孩子不喜欢交流，甚至是害怕交流，自我封闭，逐渐变成了交际障碍。其实，社交能力是孩子必须掌握的生活技能，好的社交能力不但能帮助孩子建立良好的人际关系，还能提高孩子的自我认知能力，促进孩子身心健康发展。

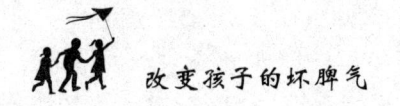

交往是人不可缺少的"维生素"

珍珍是个乖巧可爱的小女孩，却不喜欢与人交往。每次家里来了亲戚朋友，她就躲进自己的房间，任谁叫都不出来。珍珍上学后，也很少与自己的同学交往。每天都是一个人玩，独来独往。

有一天，珍珍的同桌小美肚子疼，想让珍珍陪她一起去学校医务室，但珍珍拒绝了。从那之后，小美再也不理珍珍了。

第二天上课时，珍珍发现自己没有带笔袋，于是向小美借，小美没有借给她，周围的同学也没有人愿意帮助珍珍。珍珍委屈地哭了。

老师发现后安慰她说："友情是相互的，你对别人好，别人才能对你好。平时多交朋友，在遇到困难时大家才愿意帮助你。交往并不可怕，只要你能勇敢地迈出第一步。"

那次之后，珍珍发生了转变，她对同学变得很热心，从家里带的零食也愿意与大家分享，珍珍因此收获了很多关系不错的好朋友。

美国心理学家卡耐基曾说，"成功等于30%的才能加上70%的人际关系"。的确如此，每个人尤其是成功人士，都有着错综复杂的人际交系，只是大家的交际圈不同。人是社会性动物，无法离群索居，每天都需要从他人那里获得信息，或是需要与他人沟通协调、合作等，所以，人际交往对每个人都是至关重要的。

第十四章
多交益友，提高孩子的社交能力

但是，现代小家庭和都市化的生活方式，导致很多孩子缺少与人交往、合作的机会，这使得他们身上或多或少有着不合群、羞涩等表现，且他们自身存在自制力差、易冲动，具有强烈的情绪性等性格特征。这就需要父母在日常生活中积极引导孩子增强社交能力。

父母首先要让孩子知道交往是增长知识的必然途径。善于与不同层次、不同类型的人交往，可以广开知识、信息的大门，获取他人的智慧和经验，以取他人之长、补自己之短。在当今这个社会，"两耳不闻窗外事，一心只读圣贤书"的陈旧观念已经不再适宜，取而代之的是"读万卷书，交八方友，行万里路"。

父母要为孩子创造与人交流的机会。例如，和邻居一起坐电梯时，引导孩子主动和邻居家的小朋友打招呼，或是让孩子邀请同学来家里玩，一起去公园、旅游等。父母千万不要把孩子的朋友划分为三六九等而对孩子交往的对象进行筛选，父母只需要给孩子创造交流的机会，交流中的问题让孩子自己去解决就行了。

如果有机会，一定要多带孩子参加各种活动，如学校组织的知识竞赛、社区组织的宣传活动等，让宅在家里没有机会出去和他人交流的孩子认识更多的人，并通过观察他人学习沟通技巧。

> **成长点读**
>
> 交往可以使孩子相互传递信息，在心理上相互感染，从而消除学习和生活所带来的烦恼、焦虑等消极的心理状态，使孩子感到精神愉快，心情舒畅。

改变孩子的坏脾气

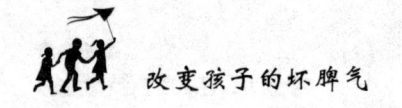

不要让你的孩子成为一只"孤雁"

由于工作的变动,娜娜的父亲把娜娜转学到花朵幼儿园。

娜娜长得虎头虎脑,大大的眼睛炯炯有神,第一天就引起了老师的注意。但是娜娜沉默寡言,存在感很低。在做游戏的时候,她只会呆呆地坐着。吃饭的时候,娜娜也是一动不动;起床时,如果老师不叫,她就会一直躺在床上。

老师们尝试和娜娜进行沟通,发现娜娜其实是个很不错的孩子,她没有其他小朋友挑食的坏习惯,而且她的动手能力也很强。但是由于她缺乏自信,与其他小朋友的沟通很少。

为了帮助娜娜克服胆小的缺点,让娜娜适应集体生活,老师与娜娜的父亲进行了沟通。通过娜娜父亲的解答,老师才知道娜娜的父母在其小时候就离婚了,娜娜由奶奶抚养。由于娜娜缺少父爱和母爱,而且奶奶害怕娜娜受到其他孩子的欺负,就让娜娜一个人在家里看电视,不和其他的小朋友进行交往,导致她现在胆子小,沉默寡言,不知如何与其他人进行交谈和交往。

老师决定帮助娜娜改变现状。老师鼓励一些人缘好的小朋友去找娜娜玩耍。开始的时候并不顺利,但随着一次次的重复,娜娜也逐渐习惯并接受其他小孩子的示好。

合作是孩子社交中的一项重要素质。简单来说,合作就是互相配合,一起朝一个共同的目标努力。懂得合作的孩子,会深得他人的喜爱,而不懂合作的孩子,则被排斥在外。被排斥的孩子通常性格孤僻,脾气暴躁,

第十四章
多交益友，提高孩子的社交能力

有的甚至会在心理上出现问题。

我们经常会看到上例中娜娜这样的孩子，躲在某个角落里自己玩玩具或是咬自己的手指玩，那小小的孤单的身影很是惹人怜爱。这样的孩子并不是个例，现代家庭很多是独生子女，孩子很容易形成以自我为中心的主观意识，如霸道、自私等，他们不懂得与人合作，当他们被迫融入集体生活中时，便会显得格格不入。

其实，要想让孩子学会与人合作也并非难事，却需要父母下一番苦功夫。

首先，要让孩子懂得融入集体和与人合作的重要性。告诉孩子，有许多事情只靠一个人的力量是无法做到的，必须两个或者两个以上的人一起合作才能完成。父母可以让孩子试着折断十根绑在一起的筷子，当孩子体验到一个人无法完成的挫折感后，便会懂得与人合作的重要性。

父母可以带孩子多参加有利于产生合作关系的活动，如足球、篮球、排球等，这些活动既有团体内部的协调与一致，又有团体之间的对抗与竞争，更有利于培养孩子的合作精神。

在家庭生活中，同样可以培养孩子的合作精神，例如，创造机会让孩子和父母一起打扫卫生，爸爸负责卧室，妈妈负责厨房，让孩子负责书房。大家协作完成卫生打扫工作后，一定要对孩子的表现进行表扬，以强化他的合作意识。

给孩子一个充满温情的家庭氛围对培养孩子的合作意识有着至关重要的作用。如果父母经常争吵，会使孩子处于一种恐惧、忧郁、仇视的环境中，这样的孩子只想躲避起来，哪里会有与人合作的意识。

> **成长点读**
>
> 在集体活动中,孩子可以学习和掌握很多社交能力,如合作、组织、沟通、尊重等,还能养成互助、友爱、分享等习惯。

巧妙处理孩子间的小争执

娜娜和小红是好朋友,有一次,两人因为争抢一个玩具吵了起来,然后她们决定再也不搭理对方。

娜娜生气地说:"我再也不理你了!"

"这也是我想说的话。"小红也大声说。

从那以后,两个要好的朋友分开了。

一天,妈妈问娜娜:"最近怎么没见小红来家里玩?你们是不是闹矛盾了?好朋友之间可不要吵架哟。"

"我们才不是好朋友呢,我以后再也不理她了。"娜娜说。娜娜妈妈便询问事情的经过,娜娜把两人吵架的事情告诉了妈妈。

妈妈沉默了一会儿,然后对娜娜说:"我记得你说过,小红是你最喜欢的朋友,因为她和你有相同的兴趣爱好。既然是朋友,怎么能说不理对方就不理对方呢?"

"可是小红说不理我了,我也没有办法。"娜娜委屈地说。

妈妈笑着说:"当然有办法了,不过和好的关键在你,你应该主动去找小红寻求和解,你们之前那么要好,小红肯定会原谅你的。"

"她不理我怎么办?那我岂不是会很尴尬?"娜娜看着妈妈问。

"你对她说:'对不起,我们和好吧。'你不试一试怎么知道小红会不理你呢?"妈妈说。

第十四章
多交益友，提高孩子的社交能力

娜娜按妈妈说的去找小红道歉，两人又成了好朋友。

在日常生活中，我们经常会遇到这种现象：孩子们为了争一件玩具而弄得面红耳赤，甚至大哭大闹。面对这样的局面，有些父母会出于礼貌大声训斥自己的孩子，有的则护犊子大打出手。

由于年龄小，孩子对于人际关系的处理还达不到成人要求的水平，在一起玩耍时难免会出现一些矛盾。在成人眼里，这些矛盾会被放大成为冲突。其实，孩子的世界非常单纯，很多所谓的问题都是成人强加给他们的。在孩子眼里，这些矛盾很可能只是暂时的，不久之后，双方说不定又会腻在一起了，就像上例中的娜娜和小红，矛盾过后两人又成了好朋友。

在解决孩子间的争执时，父母首先要明确一点，孩子之间的纠纷大多没有是与非，不能用成人的标准来判断，妄下谁对谁错的结论只会使小纠纷扩大化、复杂化，给孩子造成不良影响。

孩子间的争执也为培养孩子解决问题的能力创造了机会。当孩子之间出现争执时，父母可以冷静观察，给孩子一个独立解决问题的机会；即使孩子在解决问题过程中出现困难，父母也不要马上伸出援手，而是提出几点建议供孩子选择，让孩子自己的问题尽量自己解决。

让孩子明白团结合作的重要性也是化解孩子间矛盾的有效方法，当孩子认识到起争执是不好的行为时，他便会产生一种改过的心理动力。

当然，当孩子间起了冲突，父母一定不要忙着责怪孩子，而应站在孩子的角度理解孩子为什么会与他人产生冲突。如果错在对方，一定要坚持原则，不能出于礼貌让自己的孩子道歉，而应告诉孩子什么是对的、什么是错的，并对孩子进行安慰。

改变孩子的坏脾气

> **成长点读**
>
> 　　争执和冲突也是一种交往方式，同样有利于孩子交往能力的发展和心智的健康成长，有着成人施教所不可替代的重要意义。

孩子被欺负千万不要挺身而出

　　有一天，天天对妈妈说："妈妈，今天有一个同学把我推倒了，而且她还不向我道歉！"

　　"你是怎么处理这件事的呢？"妈妈询问道。

　　"我把这件事告诉了老师，老师狠狠地批评了那个同学。"天天生气地回答。

　　"既然老师已经批评过她了，为什么你还这么生气呢？她既然受到了惩罚，我们就原谅她吧。"妈妈说道。

　　"不行，她还没向我道歉，我不能原谅她。"天天说。

　　"那你打算怎么解决这件事情呢？"妈妈感兴趣地接着问。

　　"我就是想让她向我道歉，否则我不会原谅她。"天天噘着嘴答道。

　　"孩子，你应该问问那个同学为什么会推倒你，如果她不是故意的，你应该原谅她。"妈妈建议道。

　　"好的，明天我就去问她，如果她不是故意的我就原谅她，毕竟我是男子汉。但如果她是故意的，我就会给她讲道理。"天天认真地说。

　　"太棒了，不愧是男子汉，你这种做法很对，妈妈为你点赞！但不要忘了告诉她以后小心点儿，下次不要再推倒你。"妈妈笑着对天天说。

　　"如果你的孩子被欺负了，你会教孩子怎么办？"如果用这个问题问天

第十四章
多交益友，提高孩子的社交能力

下的父母，可能答案最多的有两种，一种是"如果不严重，咱们忍着，吃亏是福嘛"，另一种是"别怕，他打你你就打回去"。在现实中也的确如此，每当看到孩子被欺负到被弄脏、扯烂衣服甚至身体受到伤害时，父母们的愤怒便会涌上心头，于是，脾气暴躁的马上会带着孩子去找对方家长理论，但更多的则选择了隐忍。这两种方法固然行得通，却都不是上上之选。

看到孩子被欺负，家长不能过度紧张，而应先问清原因，了解事情的真相，看对方是真的有意欺负还是互相之间的嬉戏打闹，然后再寻求解决的方法。当然，还可以询问孩子准备怎么做，引导孩子合理解决问题。

在孩子陈述事情的经过时，无论是哪方面的错，父母都应该用心倾听，并适当加以排解和安慰，让孩子感受到温暖，以减轻孩子被欺负后所受到的内心伤害和不安。

当然，父母还要告诉孩子据理力争。无论是自己的物品，还是身体的任何部位，都要好好保护。孩子越是隐忍、不反抗，那些欺负孩子的人越会得寸进尺。

孩子被欺负经常会发生，如果是小矛盾可以采用上述的方法解决，如果达到了校园霸凌的程度，采用上述的方法处理起来便有些困难了。例如，我们的孩子比较弱，回击对方只会招致更严重的伤害。这时，父母可以教给孩子一些躲避霸凌的方法。遭遇霸凌时，不能以硬碰硬，一定要想办法脱身，然后寻求老师和家长的帮助，必要时要留存被欺负的证据，以便求助后能最大限度地惩处、追责对方。

总之，与其劳心费神做孩子的"贴身保镖"，不如教会孩子如何保护自己、应对他人欺负自己的方法。

改变孩子的坏脾气

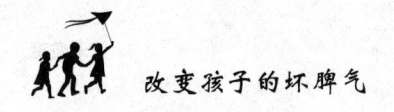

> **成长点读**
>
> 如果对方是无心之过,得饶人处且饶人。如果孩子经常被欺负的话,告诉孩子不能一味忍让。

让孩子学会与异性交往

这天放学回家,倩倩见到妈妈便委屈地哭了起来。妈妈耐心地安抚倩倩,等她情绪稳定下来,妈妈开始询问事情的经过。

倩倩平时性格活泼,成绩在班里也是名列前茅,不仅是数学课代表还是个热心肠,因此无论男同学还是女同学都喜欢找她问问题,倩倩也会热心地一一解答。

一天,班里的男生轩轩来找倩倩问一道数学题。倩倩像平时一样耐心解答。后来,轩轩便经常向倩倩请教数学题,倩倩也不厌其烦地给他讲解,轩轩数学成绩在期中考试中有了很大进步。

为了表示感谢,轩轩便用妈妈给他的零花钱给倩倩买了一个礼物。收到礼物时,倩倩很开心。班里不明真相的女同学便四处传播倩倩与轩轩谈恋爱的消息,班里的男生甚至直接起哄。

倩倩很生气,自己与轩轩只是普通的同学关系,为什么同学们会造谣呢?

看着生气的倩倩,妈妈笑着对倩倩说:"只要自己做得对,就不用理会别人的眼光。"

孩子在三岁时便有了交往的欲望,但此时在他们的意识里没有男孩和女孩的区别,只要是同龄人,能玩到一起便当作好朋友。随着年龄的增长,

第十四章
多交益友，提高孩子的社交能力

尤其是到了青春期和性意识觉醒后，性别的差异便会在孩子的意识里扎根。男孩、女孩在一起玩耍时不再那么自然，而是扭扭捏捏，有些孩子甚至开始排斥异性。其实，异性在一起相处有好多好处，比如可以使孩子相互弥补、丰富各自的性格，消除性别的神秘感，有助于孩子之间形成纯洁的友谊，有效预防孩子早恋，等等。但是，如果与异性相处不当，则会惹来很多不必要的麻烦，如上例中的倩倩，与轩轩明明是正常的相处，却让同学误会是早恋，结果使自己深陷烦恼之中。

在日常生活中，父母要培养孩子健康交往的意识。告诉孩子不要把性别作为是否可以交往的前提，只要坦诚率真，有利于学习和进步，不管是男孩还是女孩，都可以进行交往。如果孩子确实有早恋倾向，要静下心来给孩子讲解早恋的弊端，引导孩子把目光放远一些，告诉孩子喜欢一个人没有错，只是时间不恰当而已。切忌命令孩子马上与对方断绝关系，青春期的少男少女们对爱情满怀憧憬，父母越是制止，他们越会反抗，甚至会做出一些出格的事情。

青春期的孩子对异性产生好奇心是正常的，在这一阶段，父母可以给孩子买几本介绍人体尤其是青春期的书，让孩子通过健康渠道消除对异性的好奇心，引导孩子在心理上健康发展。

父母还要及时了解孩子的内心变化，与孩子进行沟通，鼓励孩子说出心里的秘密。尤其对待内向的孩子，疏比堵效果更好。

> **成长点读**
>
> 男女同学交往要考虑交往的时间、地点等，如不要在晚上到幽静的公园，更应避免周末私下约会出入影院、舞厅等。

改变孩子的坏脾气

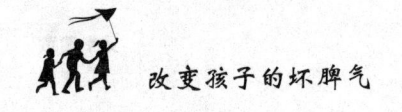

引导孩子多交益友，远离损友

小海最近交了几个好朋友，妈妈上次接小海放学的时候见过他们几次。妈妈觉得小海的这几个朋友有些缺乏教养，不仅脏话连篇还很没有礼貌。小海跟妈妈聊天时，还不小心说出他们偷偷在厕所抽烟的事。

妈妈并不排斥小孩子交朋友，但害怕这几个朋友会把小海带坏，便让小海不要再与他们一起玩。小海很讲哥们儿义气，觉得不能背叛朋友，坚决不同意。妈妈也很犯愁。于是，她让小海把这几个朋友约到家里来玩。

妈妈热情地招待了小海的几个朋友，聚会的最后，妈妈苦口婆心地劝说那几个孩子，向他们陈述抽烟等坏习惯的弊端，而且他们现在正处于小升初的关键点，第一任务应该是学习。

小海也了解到妈妈的良苦用心，答应妈妈如果那几个朋友还是不改，他就不再与他们来往。

子曰："益者三友，损者三友。友直，友谅，友多闻，益矣。友便辟，友善柔，友便佞，损矣。"亲善"益友"、远离"损友"是孔子教诲我们的交友之道。对于成人来说，分辨益友和损友可能比较容易，但孩子缺乏基本的辨别能力，他们不能判断朋友的好坏，只要有人向他们示好，他们便会真诚地对待对方，甚至认为交到了朋友。其实，这些的确是孩子的朋友，只是有益友有损友，而且，一个损友的破坏力远比一个益友的帮助大得多，很多脾气暴躁的孩子的习惯都是从损友处学来的。

每个父母都希望自己的孩子能交到一些学习好、有上进心的朋友，而远离那些会把孩子带入歧途的朋友。所以，教会孩子甄别益友、损友至关重要。

首先要重视亲子关系。父母要经常与孩子沟通，有条件的可以一起参加一些活动，向孩子表达出爱的情感。有研究表明，与父母关系好的孩子更有可能交到益友。

父母可以像传授知识一样告诉孩子益友一般会怎么做，如尊重他人、遵守规则、懂得分享、热心助人等，而损友则自私自利、损人利己。孩子懂得越多，他的甄别能力就越强。但父母不要以自己的交友标准来衡量孩子的朋友。

必要时，父母可以建议孩子选择朋友，以弥补孩子自身的不足。例如，如果孩子过于胆怯，可以建议他与较为勇敢或有冒险精神的孩子交朋友；如果孩子孤僻，可以建议他与开朗的孩子交朋友；如果孩子幼稚，可以建议他与相对成熟的孩子交朋友……当然，如果孩子交友不慎，父母可以采取一些必要的手段阻止孩子与其交往，如上例中的小海妈妈，在了解到小海交到的朋友有一些不良习惯后，让孩子们来家里玩，引导小海朋友改掉抽烟的坏习惯，小海也做出保证如果朋友不改便会远离他们。

需要注意的是，如果孩子交到损友，千万不要以打骂的方式喝令孩子断绝与损友的来往，否则只会适得其反。

> **成长点读**
>
> 如果用什么方法都阻止不了孩子远离损友，可以采取更强有力的措施——隔离，如让孩子转学或到亲戚家躲避。

第十五章 拓展兴趣，保持孩子对生活的热爱

兴趣的培养对孩子的成长至关重要，通过对孩子兴趣的培养，会发现孩子与生俱来的天赋，帮助孩子建立自信，交到志同道合的朋友。兴趣广泛的孩子能够在发脾气时成功转移注意力，能够在巨大的学习压力中寻找到无穷乐趣。

改变孩子的坏脾气

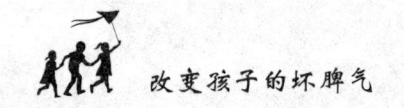

请保护孩子的表现欲望

小哲是个活泼开朗的孩子，他最大的特点是爱表现自己。每次老师提问时，他总是把手举得高高的。每次学校有运动会、歌唱比赛等活动，他都会积极参加。小哲很享受这种被别人夸赞、被人关注的感觉。此外，小哲在各方面都很优秀，学习成绩名列前茅，喜欢运动和钢琴，家里摆着很多奖杯和奖状。小哲是父母的骄傲。

一天，妈妈的朋友来家里做客，大家吃过饭后坐在沙发上一起聊天。

妈妈的朋友问："小哲平时学习成绩怎么样？"

妈妈笑着谦虚地说："他的学习成绩一般。主要是太贪玩了。"

小哲听到妈妈的话，噘嘴耍起了脾气，自己上次考试明明考了第一名，妈妈竟然在背后说他"成绩一般"。于是，小哲非常生气地说："我的学习成绩才不一般呢，妈妈为什么这样说我？"

小哲的话引得妈妈和朋友哈哈大笑，小哲更生气了。

等朋友走后，妈妈主动向小哲道歉，小哲原谅了妈妈。

过了几天，妈妈的又一个朋友来家里做客，小哲主动帮忙洗水果，主动给对方弹钢琴，赢得了夸赞。

中国人有谦逊中庸的古训，所以，很多人不喜欢表现也不喜欢善于表现的人，更不希望自己的孩子善于表现。而孩子的天性却正好相反，他们在看到新的事物，学到新的知识后，总会迫不及待地想让人知道，以获得他人的赞赏或同学们的羡慕，以满足他的心理需求。

表现欲是一种积极主动的心理素质。一般来说，孩子越高兴，他的表现欲就越强烈。活泼开朗的孩子胆子大，爱表现，内向型的孩子怯懦，不爱表现。

而很多父母看到自己的孩子爱表现，总是进行压制。其实，孩子的表现欲很多是受好奇心的驱使，具有求奇求变的创新倾向，如果父母能正确引导，会有效激发孩子的创造能力。例如，对内向型孩子，父母应给孩子创造表现的机会，激发他们的表现欲，鼓励他们大胆地展示自己，让孩子在表现的过程中感受到快乐。

如果孩子的表现欲给孩子自身、父母或他人造成了困扰，便要适当加以干涉，不能任由表现欲过盛，免得孩子滋生虚荣心。这时，父母可以想办法转移孩子的注意力。例如，鼓励孩子画一幅画、看一本绘本或是带孩子去骑自行车、跳绳、跑步等。这些方法不但转移了孩子的注意力，还让孩子的思维得以发散。

但需要注意的是，面对表现欲过强的孩子不能直接发火，要静下心来，找到具体原因后再对症下药。

我们常说"枪打出头鸟"，所以我们不希望我们的孩子被"枪打"，但是，如果在各行各业没有人愿意"出头"，那我们的社会哪来的进步？孩子是世界的未来，如果孩子没有表现欲，那我们这个世界只能是老态龙钟了。

成长点读

告诉孩子，哪些场合可以畅所欲言，哪些场合不可以随便说话。吃饭、上课、写作业时是不可以随便说话的，若想说话，应提前提出要求。

改变孩子的坏脾气

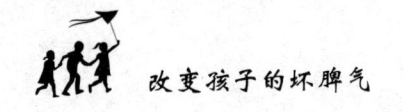

激发孩子求知的欲望

小雪从小喜欢唱歌跳舞。在她上幼儿园时，奶奶经常带她去公园跳广场舞。小雪现在上三年级了，妈妈给她报了很多科目的辅导班，把她的课余时间和周末都占满了。妈妈在家经常说，希望小雪将来能够成为一名科学家。但小雪不想去补习班，也不想当科学家，她想当一名歌唱家。

小雪上完补习班回家，试探性地跟妈妈说："妈妈，我想报音乐和舞蹈的课外班。"

妈妈马上拒绝了，并苦口婆心地对小雪说："你现在的学习很紧张，马上就要期末考试了。音乐、舞蹈都是不务正业的课。"小雪不情愿地点了点头。

小雪平时喜欢跟着电视偷偷学唱歌，也喜欢在班里举行的各种活动上唱歌，同学们都称赞她是"百灵鸟"。

一天，音乐老师找到小雪："最近有一个省级校园歌唱大赛，我想推荐你，所以想问问你的想法。"小雪很开心，但是想到妈妈还是让她有些为难。最后，小雪决定参加，她瞒着妈妈偷偷地报了名。

小雪很有天赋也很努力，再加上音乐老师的专业指导，在这次比赛中，小雪取得了一等奖。当小雪开心地抱着奖杯回到家，妈妈也为她感到高兴。经过一家人商量，妈妈决定给小雪报一个音乐兴趣班。

俄国教育学家乌申斯基曾说："没有丝毫兴趣的强制性学习，将会扼杀学生探求真理的欲望。"要培养孩子的学习兴趣，最关键的是要让孩子保持求知欲。当然，这里的学习是一个广义词，包括一切知识的学习。

第十五章
拓展兴趣，保持孩子对生活的热爱

求知欲是对获得丰富的知识具有一种内在的持续的追求愿望。我们常抱怨孩子不爱学习，如果孩子具有了强烈的求知欲，不用父母的督促他也会自主去学习。所以，作为父母，一定要找到诱发孩子求知欲的恰当方法。

抓住孩子的求异心理，激发孩子的想象力。父母要利用孩子想象力丰富的特点，结合情境有意识地诱导孩子去想象。例如，让孩子想象月球或其他星球上生活着什么生物，想象如果人类有机会去木星或土星会出现哪些情况……孩子因想知道自己所想象的事能不能实现而产生强烈的求知欲，在这样的氛围中，他更愿意积极地探索未知世界。

给孩子提供一个充满奥秘的环境。例如，在家里给孩子准备望远镜、地球仪、磁铁等，并演示给孩子看，使孩子对这类物体产生好奇，诱发孩子的求知欲。此外，还可以把一些印刷品，如报纸、杂志、书籍等放置在孩子随手可以拿到的地方，方便孩子阅读。慢慢地，阅读便会成为一种习惯，孩子也会从阅读中感受到乐趣。

为孩子提供动脑、动手的机会。例如，通过小实验和日常观察等让孩子自己去获取知识，或是让孩子制作一种玩具。无论孩子制作得如何，父母都要予以肯定。

父母可以从孩子的爱好入手进行求知欲的引导。例如，孩子喜欢汽车模型，可以让孩子了解更多的车辆知识，懂得越多，孩子的求知欲就会越强。

成长点读

培养孩子的求知欲也要有所侧重，要找准一个突破点举一反三，即帮助孩子认识到自己的优势，在优势方面充分发挥。

改变孩子的坏脾气

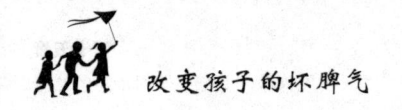

体育，是一门不可或缺的教育

小王是家里的独生女，从小就备受父母的宠爱，父母害怕小王受到磕碰从来不让她做危险的事情。即使到了小学四年级，父母仍溺爱着小王，甚至会帮她撒谎请病假。

近一段时间学校开始鼓励学生大课间跑步，小王却以生病为借口逃避。小王妈妈也认为跑步太累，会影响到女儿的学习，便睁一只眼闭一只眼，甚至帮小王撒谎请假。但老师发现小王并没有生病。

这天，小王准备和往常一样请病假来逃避跑步，老师把小王叫到办公室，询问她不愿跑步的原因。

"跑步太累了，而且跑步也不会提高我的学习成绩，只要一跑步运动，就会出汗，我会觉得身上很难受。"小王低着头说。

老师被小王的话逗笑了，她拍了拍小王的肩膀，耐心地向小王解释道："跑步确实会很累，但是跑完后，那种运动后的感觉很舒服。跑步和学习有关系，但并不是你说的那种关系。跑步会放松你的身体和精神，缓解你因学习而产生的疲劳感，提高你的学习效率，对下一节课的学习大有帮助。"

听了老师的话，小王表示以后会积极参加课间跑步，还要参加其他的运动。老师满意地对小王说："跑步可以磨炼一个人的意志，在运动中，人们会受到精神和身体上的双重压力，如果想要在运动中取得成绩，就必须克服这种压力，这个过程就是在磨炼一个人的意志。"

俗话说"生命在于运动"，现代人对体育运动似乎情有独钟，每天早上公园里成群结队锻炼的人们便是最好的证明。体育运动有益身体健康，

第十五章
拓展兴趣，保持孩子对生活的热爱

对成长中的孩子来说更是益处多多。例如，多进行体育运动不但能促进骨骼生长，使孩子身高长得更快，还能调节内分泌，加快蛋白质的合成，促进孩子内脏和肌肉的发育。此外，体育运动还能提高孩子的抗病能力，增强体质，使孩子可以更好地应对严寒、酷暑等不良气候。

如果孩子没有健康的身体，很难应对每天繁重的学习任务。所以，父母平时除了给孩子提供合理的饮食，及时补充营养之外，还要多让孩子参加体育运动。

父母要激发孩子的运动兴趣。例如，经常和孩子一起观看体育频道的节目，如果孩子对一项新的运动项目感兴趣，并提出想要试一试时，父母应该表示赞许并鼓励他去尝试。

帮助孩子选择适合的运动项目。运动虽好，但一个人不能从事所有的项目，而且，对一个人来说，并不是所有的项目都适合他。所以，父母可以根据实际条件选择适合孩子的运动项目。例如，可以鼓励拥有强壮身体的孩子选择篮球、长跑、足球等运动量大的项目；鼓励体质弱的孩子选择像乒乓球等运动量小的项目。研究表明，通过运动可以分泌一种叫多巴胺的物质。多巴胺是人体大脑中的一种神经传导物质，它和运动、情感有关系，可以传递兴奋和开心的信息。所以，爱好运动的孩子会更加开朗，远离不良情绪的可能性也会越大。

为孩子安排合理的运动时间也非常重要。一般来说，清晨锻炼时，可以在太阳出来一小时后进行。饭前饭后一小时、睡觉前不宜做剧烈运动。

父母还应鼓励孩子积极参与学校或社会组织开展的各项体育竞赛，这对塑造孩子的体魄和人格大有裨益。

改变孩子的坏脾气

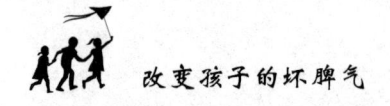

> **成长点读**
>
> 清晨锻炼不宜空腹,运动之前可以喝一杯温水,补充能量的同时能加速血液循环,清洗肠胃,有利于身体排毒。

世界那么大,陪孩子去看看

康康今年九岁,是一个性格内向的孩子,平时也总像个小大人一样不苟言笑。

暑假的时候,爸爸提议全家一起出去旅游,妈妈积极响应,康康虽然没有说话,但也没有反对。

在旅游的路上,一家人遇到了形形色色的陌生人,康康一改平时不苟言笑的性格,主动跟遇到的叔叔阿姨们聊天。康康不但体验到了各地的风土人情,还见到了那些古诗里的名山大川,看到了"飞流直下三千尺"的瀑布,登上了五岳之首的泰山,体验了一把"一览众山小"的震撼……

从此,康康爱上了旅游和祖国的大好山河,并喜欢上了摄影。每次外出旅游时,康康都会拍下很多好看的照片。

爸爸妈妈惊喜地看到了康康的转变,康康变得活泼开朗起来,他还爱上了读书,看到书中有关于他去旅游的地方,他还会与爸爸妈妈分享观点。学校组织学生参加全市青少年作文大赛,康康凭借自己写的一篇游记成功获得了一等奖。

教育专家一致认为,让孩子有积极向上的三观、健康良好的体魄、强烈的求知欲是教育的根本。但很多父母对孩子未来的要求标准以及期许的侧重点放在孩子未来的学历就业、婚姻等生活问题上,很少有父母把孩子

第十五章

拓展兴趣，保持孩子对生活的热爱

的人格魅力、个人品质放在首位。所以，只要孩子不像父母期许的那样宅在房间里学习，父母便会苦口婆心地唠叨个不停："如果你不好好学习，将来就考不上大学，考不上好大学便找不到好工作，找不到好工作便过不上好的生活……"凡此种种，都是类似的话。

书本上的知识固然重要，书本外的知识也同样重要。而且，有些知识是从书本上学不到的。就如一位教育专家所言，锻炼一个孩子的心智就是让他大胆走出去，与外界的沟通是提高孩子个人魅力及胆量的最好方法。前两年有句流行的网络语："世界那么大，我想去看看。"建议父母们可以利用假期带孩子去看看外面的世界。

带孩子去大自然中感受鸟语花香。大自然是丰富多彩、变幻多端的，充满了无穷的奥秘，能给孩子智慧的启迪，使孩子思路开阔，让孩子产生无尽的遐想，引发孩子求知的欲望。除了大自然，父母还可以带孩子去科技馆、少年宫、展览馆等文化氛围浓厚的地方，让孩子接触到更多的知识。久而久之，便会激发他们的求知兴趣。

带孩子去旅行。在假期带孩子去各地看看不一样的风景，让孩子体验不同的环境，感受不同的风土人情。这不仅能拓宽孩子生活的广度，也是父母对孩子最好的陪伴。有条件的家庭还可以利用假期带孩子走出国门，领略异国他乡的别样景致。尤其重要的是，旅行不仅可以缓解孩子繁重的学业压力，还能开阔眼界，增长见闻，有益身心。

带孩子走向大自然能让孩子更好地发现世界、认识世界、感受世界，是培养孩子正确三观的最佳方式。

> **成长点读**
>
> 　　旅行是孩子较好的学习与养成良好教养的机会：从准点出发的团队游中学习遵守时间，从景点的人头攒动中学习控制情绪，从游乐场需排队中学习遵守规则……

用阅读丈量世界，让成长更有力量

　　小天的家在新华书店旁边，只要一有空，小天便去新华书店里看书，于是，小天养成了爱读书的好习惯。

　　小天父母是普通的工薪阶层，收入不高，一家人的生活虽说不是很困难，但也存不下闲钱。即使如此，小天的爸爸依然向小天和小天弟弟许诺："我和妈妈虽然没有很高的收入，但是如果你们有想买书的要求，我们一定会满足你们。"有了爸爸的承诺，小天爱读书的喜好更根深蒂固了。

　　周末，小天从来不缠着父母让他们带自己和弟弟去游乐场玩，而是一有时间便跑去书店。有时，小天会一整天泡在书店里，一直到书店准备关门，他才依依不舍地离开。

　　由于喜欢读书，小天在九岁时便读完了一整本《红楼梦》。不仅如此，小天还准备把《红楼梦》多读几遍。受小天的影响，弟弟也迷上了读书，不同于小天，弟弟比较喜欢读外国的名著，如《巴黎圣母院》《红与黑》《钢铁是怎样炼成的》等。

　　凡是成绩优异的孩子都有一个共同点，即他们都喜欢读书，而那些成绩差的孩子则正好相反。书籍是人类进步的阶梯，知识是人成长过程中最为丰富的精神养分，读书则是人类获取养分的最便捷途径。对于年幼的孩子来说，他们的世界一片空白，读书能使他们学到更多的知识，净化他们的心灵，提升他们的人格。

白岩松曾说："阅读就是在你生命的春天里不断地去播种，然后让你的这棵大树越长越郁郁葱葱。"如果让一个孩子爱上了读书，不仅能奠定其深厚的知识基础，构建一定的知识框架，还会使他的学习能力越来越强。热爱读书的人，即使到了老年，他们的思想之树依然成长，依然年轻。所以说，没有什么事情比读书更值得提倡。

让孩子爱上阅读的第一步是先了解孩子的喜好，父母不要一股脑儿把自己觉得好的书或者别人说好的书推荐给孩子，不加选择地让孩子阅读。孩子的世界不同于成人的世界，他们有他们喜欢的书，阅读喜欢的书更容易使他们爱上阅读。

为孩子提供良好的读书氛围。很多家长喜欢下班后刷视频、看电视，于是，孩子写完作业便会坐到父母身边"陪"看。久而久之，一家人的视力便可能都会出现问题。如果在家里孩子看得到的地方摆上一些孩子这个年龄段适合看的书，饭后闲暇时，一家人各自看自己感兴趣的书。不知不觉中，孩子便会被书中的世界吸引。需要提醒家长的是，在孩子面前，如果做不到不看手机，但也要尽量减少看手机的时间，尤其不要看一些低俗、无聊的视频，否则孩子会对视频内容产生好奇。

和孩子一起制订阅读计划。如果孩子有阅读意向，父母便不要强行对他做出各种规定，而要尊重孩子的意见，让孩子或是陪同孩子制订阅读计划，比如这个时期内阅读哪些书，在饭后读还是睡前读，一旦选定了阅读时间，千万不要经易更改，只要坚持一段时间，阅读便会像吃饭睡觉一样自然成为孩子的习惯。

改变孩子的坏脾气

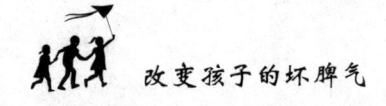

> **成长点读**
>
> 　　七八岁到十二三岁是孩子自发喜欢读书的最佳阶段。过了这个阶段，孩子的心思便会被其他东西吸引。

请走出去，培养孩子的冒险精神

　　在别的家长眼中，小杰的妈妈是一个"不负责任"的妈妈。刚学会走路的小孩子一般好奇心很强，总是喜欢在家里爬上爬下。一般的孩子家长害怕孩子摔倒碰伤，因此格外小心，百般呵护孩子。但小杰的妈妈却恰恰相反，当儿子伸手去拿很高桌子上的玩具时，妈妈不但不制止，反而鼓励小杰想办法爬上去。

　　在小杰三岁生日之后，妈妈就让小杰自己睡一个房间。刚开始，小杰的爷爷奶奶都很反对，觉得小杰妈妈太狠心，认为孩子这么小不应该让他一个人睡。但小杰妈妈顶住了压力，执意让小杰自己睡。

　　与其他家长交流时，小杰妈妈被问得最多的一句话便是："孩子这么小，你不担心他自己摔下来，或者踢了被子着凉吗？"

　　"我告诉小杰，睡觉时靠床的内侧睡，翻身时可以摸一下床沿，他现在还没有掉下来过。和谁睡都有可能会感冒，我们不可能无时无刻照顾他们。"小杰妈妈这样回答。

　　小杰妈妈在分享经验时说："我通过生活点滴去培养孩子的冒险精神。性格决定命运，我希望小杰长大后能勇敢地抓住自己想要的东西，而不是在畏首畏尾中遗憾一生。"

　　在妈妈的教育下，小杰与同龄人相比要独立，尤其是敢于尝试一些新鲜事物。

第十五章
拓展兴趣，保持孩子对生活的热爱

新时代充满了新竞争，新事物和新机遇不断涌现，这便对推动这个世界发展的人类提出了挑战。只知道埋头学习，哪怕成绩好、能考上好的大学、毕业后有份安稳工作的人已不再是世界的宠儿，相反，这样的人很可能会被社会淘汰。因为这样的人大多经不起风浪，经不起太大的打击。有专家断言，一个没有胆量、缺乏勇敢和冒险精神的孩子是没有未来的。这可能也是上例中小杰妈妈宁愿做一个"不负责任"妈妈的原因。

很多父母恨不得把孩子拴在自己的裤腰带上，认为不放手便是对孩子最好的保护。但在孩子的成长过程中，父母不可能一直陪在孩子身边。与其迫不得已的时候让孩子到处碰壁，不如提早放手，让孩子自己去历练、去探索、去冒险。

父母要正确引导孩子去冒险。探索未知世界是孩子的天性，但未知世界却存在诸多风险，于是，很多父母总是告诉孩子，"电是危险的，千万不能碰""那个地方太危险了，千万不能去"……孩子总是听到父母这样的恫吓，在面对一些新鲜事物时便不再敢尝试，冒险精神就这样，被吓跑了。正确引导可以是循序渐进的，例如，孩子胆子较小，可以先给他讲一些英雄故事，鼓励他做一些能承受的、体现他胆量的事，然后慢慢地激发他的冒险精神。

冒险精神不是说教便能起作用的，父母要为孩子创造适当的冒险机会。例如，让孩子自己去上学，开始几天父母可以悄悄地跟在孩子后面，但千万不要让孩子发现。或是利用节假日带孩子去攀岩、漂流、坐过山车等，充分激发孩子的冒险和探索精神，使孩子变得更勇敢。

当然，父母一定要教会孩子识别盲目的冒险行为，并判断哪些险可以去冒，哪些险不可以去冒。例如，在一些看似比较困难的事情面前一定要勇敢，而一些必须经过特殊训练才能完成的事则不能盲目去冒险。

改变孩子的坏脾气

成长点读

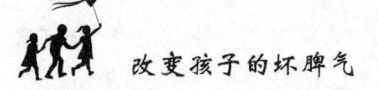

　　整天宅在家里是培养不出勇敢且具有冒险精神的孩子的,要让孩子走出家门,去游历,去亲近自然,去接触新事物和陌生人。

第十六章　养娃不焦虑，成长比分数更重要

急功近利的父母总是把所有的希望寄托于孩子的每一次考试，每次难得的假期也逼迫孩子在题海里苦战，结果孩子的童年充满了阴影，孩子更是动不动就发脾气。家长们，学习固然重要，但孩子的成长更重要。

改变孩子的坏脾气

引导孩子选择健康的生活方式

囡囡是家里的掌上明珠,她聪明活泼,深受爸爸妈妈和爷爷奶奶的喜欢。在全家人的宠溺下,囡囡也养成了一些不好的生活习惯:挑食、不爱吃饭、喜欢吃零食;不爱运动,每天吃饱就睡,导致严重肥胖;爱看电视,爱玩手机……

妈妈以为随着囡囡年龄的增长,不好的生活习惯会逐渐改掉。可是,直到囡囡上初中,依旧没有改掉那些坏习惯,甚至越来越严重。这可愁坏了囡囡妈妈。

一天,放学后,囡囡开心地拿着自己的作文给妈妈看,作文的题目是《低碳生活》。囡囡的作文写得非常好,老师还在全班同学面前表扬了她。妈妈觉得这是一个让囡囡改掉坏习惯的好机会。于是,妈妈对囡囡说:"你这作文写得不错,但是生活中你真的做到了吗?明显是光说不做啊。"囡囡涨红着脸却没有底气反驳。

为了不让妈妈小瞧自己,囡囡决定说到做到。这次囡囡意志力很坚定,自从在全家人面前宣布开始"低碳生活"后,妈妈感觉囡囡真的变了:每天自己骑自行车上学,不再吃肯德基等快餐了,手机和电视也看得越来越少……

让妈妈高兴的是,囡囡的精神面貌焕然一新,体重下降了,身体结实,不再容易生病,人也显得格外精神。

健康是人生的第一财富，对每个人来说，没有了健康，就意味着失去了一切。上例中的妈妈巧妙说服团团选择了健康的生活方式，这种引导孩子的方式值得每位家长学习和借鉴。那么，什么是健康的生活方式呢？健康的生活方式是有益于身心健康的生活，对孩子来说，包括少吃零食、不熬夜、不乱发脾气等。作为父母，该如何引导孩子选择健康的生活方式呢？

首先，要营造健康的家庭环境。健康的家庭环境除了家庭要和谐、温馨外，父母还要以身作则，为孩子树立健康生活的榜样。例如，爸爸要尽量不喝酒、不抽烟、不赌博、不熬夜；妈妈则要勤俭节约，不要只盯着名牌包包或鞋子，少给孩子做油炸食品，少给孩子买零食等。

其次，帮助孩子养成良好的作息习惯。良好的作息习惯包括早睡早起、南北向睡眠、睡前泡脚、睡前不做剧烈运动、枕头不要过高等。良好的睡眠不仅有益于智力发展，对情绪也有很大影响，不良的睡眠习惯会使孩子易怒烦躁、记忆力减退。

最后，父母还要引导孩子养成良好的饮食习惯。良好的饮食习惯包括营养搭配要合理，早餐要吃好，晚餐要少吃或不吃，午餐不要吃得过饱，七分饱最佳；平时要多喝水、常喝水；等等。

> **成长点读**
>
> 人在睡眠中，各项机体活动均处于减弱状态，容易引发肥胖、生物钟紊乱、内分泌失调、心脑血管等一系列问题。所以，睡眠时间并不是越长越好。

没有什么比心理健康更重要

晴晴有一个乐天派的妈妈，妈妈每天都笑容满面，给人一种无忧无虑的感觉。即使工作很忙，她也总是能坚持自己的生活节奏，在保障身体健康的同时把生活过得轻松惬意。晴晴考试成绩不理想时，妈妈也从未责怪过她，而是鼓励她只要努力了就一定会有回报。

晴晴也完美继承了妈妈乐观的基因，她总能情绪稳定地面对所有事情。在期末冲刺的紧张阶段，很多家长反映自家孩子出现了焦虑不安的情绪，而晴晴却和平常一样。老师注意到晴晴的良好状态，不禁夸奖晴晴道："晴晴这个孩子，心理素质很好，能够自我减压。无论在什么时候都能情绪稳定，给人带来意想不到的惊喜。"的确，无论是在身体上还是在精神上，晴晴的状况都要比其他同学好一些。

后来，老师让晴晴给大家分享她良好状态的原因，晴晴对同学们说："我是受了我妈妈的影响，妈妈告诉我，累了就休息，不要让自己陷入疲惫不堪的低效学习状态，休息好了才能全力学习；妈妈还告诉我，遇到困难要主动寻求解决方法，而不是胡思乱想。正是在我妈妈的教导下，我才能保持良好的心态和精神面貌。"

人类健康包括身体健康和心理健康，只有二者都健康才是一个真正健康的人。很多家长为了孩子的身体健康，不惜重金为孩子购买各种各样的营养品。虽然现在的家长同样注重孩子的心理健康，但心理问题毕竟是一个模糊且很难界定的概念，很少有家长能判断出孩子是否出现了心理问题。例如，有的孩子经常大发雷霆，但有的父母认为孩子年龄小，脾气大一些无所谓。殊不知，如果任由这些坏脾气发展下去，对孩子的成长和发展都极为不利。重视孩子的身体健康是没有错的，但忽略心理健康则是不妥的。

为了我们的孩子能有一个身心健康的体魄，我们一定要重视孩子的心理健康。

父母要告诉孩子，无论做什么事，都不要给自己增加压力，尽力做好。

人只要活着，就有干不完的事情，如果总想着把每件事都做到尽善尽美，到时候不仅身体会劳累，心理会更疲惫。只要尽力了，做得好与坏都不那么重要。

告诉孩子，如果感到疲惫，就停下来放松一下。人生就是无数的事情堆集起来的，如果想把它们做完再休息，那将永远停不下来。人不能一直保持紧张状态，尤其是孩子，一定要劳逸结合，让身心放松下来，才能更高效地学习。

去书店给孩子买几本充满正能量的书，或是讲几个正能量的故事，给孩子树立积极向上的榜样。如果孩子身边的人充满了负能量，孩子再积极进取，也可能是"近墨者黑"。要知道，鹤立鸡群并不多见。

父母还可以利用周末安排一次全家出游，给孩子减轻压力，让孩子能积极快乐地生活。

> **成长点读**
>
> 郁结在心中的压力如果不能排解会引发各种疾病。例如，心脏病、高血压、肥胖等均与压力有关。

一起来吧，将减负进行到底

圆圆放学后径直走进她的房间，看起来很不开心。到了吃晚饭的时候，妈妈叫圆圆吃饭。饭桌上，圆圆的食欲也不是很好，吃了几口就说要回去继续写作业，爸爸和妈妈眼里满是心疼。

晚上，桌上的小闹钟已经指向11点了，妈妈看到圆圆房间的灯还在亮着，便走进去对圆圆说："孩子，太晚了，快睡吧。"圆圆勉强睁着眼睛，无奈地对妈妈说："妈妈，你先睡吧，我还有几道数学题没有写完呢。"

接连几天，圆圆都是这种状态，食欲不佳，满脸疲惫，很晚才睡觉。妈妈看到这种情况，担心圆圆的身心健康出现问题，觉得有必要向老师反映一下。于是，圆圆妈妈给老师写了一封信，希望学校和老师采取一些措施，能减轻孩子们的作业负担，让孩子们能有更多的时间去做他们感兴趣的事情。

几天后，圆圆蹦蹦跳跳地放学回家，妈妈问她："什么事情让你这么高兴？"圆圆开心地告诉妈妈："老师说以后不会留太多的作业，听说是有位家长向学校反映了，说写作业占用了孩子的休息时间。"

听到圆圆的话，妈妈偷偷地笑了，圆圆问妈妈为什么笑，妈妈说道："你猜！"圆圆沉思片刻道："难道反映的那个人是你？"

圆圆和妈妈一起哈哈大笑起来。

睡眠不足、上课精力不够一直是中小学生的普遍问题，某研究机构发现，学习日仅有两成孩子的睡眠充足。造成这一现象的主要原因便是孩子的课业负担过重。孩子的各科作业堆积如山，习题册、练习卷好像永远都做不完，很多孩子写到晚上十一二点依然写不完作业……有的家长还会在晚上给孩子安排课外班。长期睡眠不足对孩子的身体健康会造成严重影响。

但是，父母们询问孩子最多的依然是"学习怎么样""作业做完了吗"，除此之外，似乎再没有能让父母感兴趣的事。其实，作业负担重有百害而无一利。课业负担重使很多孩子产生了厌学情绪，厌学情绪的危害很多也很大，还会影响亲子关系。

孩子需要减负，需要从沉重的课业负担中摆脱出来，多一点儿自由发展的空间。

当然，减负需要社会、学校和家长的合力。在国家层面，已经颁布了"双减"政策，全国范围内的中小学校都进行了积极响应。为了能真正为孩子减负，身为父母的我们也应该改变教育方法，转变侧重分数的思想，帮助孩子树立正确的人生观。改变孩子无创造力的现状，树立、培养、开发孩子的创新能力，并培养孩子良好的学习习惯。

> **成长点读**
>
> 孩子不仅要把文化课学好，还要学会做人，做一个什么样的人将影响孩子终身的学习、生活和工作。

成绩不是一切，努力才有未来

星星是一个很好学的孩子，每天放学后，她都会认真地写作业，并且总是找一些课外题或者课外书去充实自己。

期中考试后，妈妈去参加家长会，得知星星这次的成绩还是没有提高，她很焦虑，为什么星星学习很刻苦，成绩却没有长进呢？就连之前没有星星成绩好的慧慧，通过半学期的努力，成绩也突飞猛进。妈妈想，会不会是星星在学校贪玩，怕爸爸妈妈训斥自己在家里才装作很努力学习的样子呢？想到这儿，妈妈立刻向星星的班主任王老师询问星星在学校的学习状态，王老师说："星星在学校学习非常积极，经常举手回答问题，课后有不懂的问题还主动去问老师。其实成绩并不代表一切，努力才有未来。"

王老师的话让星星妈妈大受启发。

在一起回家的路上，星星非常忐忑，他担心妈妈会像以往一样批评自己，一想到这些，星星便紧张起来。

"星星，我们去吃你最爱吃的汉堡好吗？"星星有些不敢相信妈妈的话，当他确信没有听错，便怯生生地问道："妈妈，这次我考得这么不理想，您怎么不批评我了呢？"

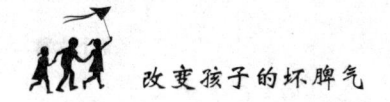

妈妈抚摸着星星的头说："儿子，妈妈知道你已经尽力了，只要你尽力了，什么样的结果并不重要，你有良好的态度，妈妈相信你的努力不会白费。"

听了妈妈的话，星星激动地说："妈妈，请你相信我，我会更加努力，下次一定考出理想成绩。"

很长一段时间以来，学习成绩都是让中国父母焦虑的"痛中之痛"。仿佛从孩子一出生开始，父母便安排着孩子的学习，告诉孩子成绩是普通人改变命运最直接的方法。学习成绩真的代表一切吗？

不管学习成绩能不能代表一切，毋庸置疑的是，成绩代表着孩子的努力程度，说明孩子的思维能力、思考能力、学习能力。但是，总是有那么一些孩子，思维能力、思考能力、学习能力一般或严重缺失，他们自然成绩一般或落后，于是，父母便忧心忡忡，想尽各种办法来提高孩子的学习成绩。这些父母的做法固然可敬，但并不可取，因为他们忽视了成绩背后的东西：孩子是否努力了。

著名作家刘墉说过："成功需要很多因素，有些因素你无法掌控。比如你不能改变你的出身，人们的智商也是有差异的。但这些都不是成功最重要的条件，在我看来，许多人不成功的原因归根结底只有一个：还不够努力。"在现实中，有些孩子没有聪明的头脑，他却非常努力。有些父母对自己有这样的孩子更是气恼，认为努力了还成绩差，简直无可救药了。这样的父母是多么无知啊！要知道，成绩不是万能的，不是衡量一个人成功的唯一标准。孩子努力了，但没有取得理想的成绩，这并不是他的错，他也希望得到父母的认可，如果这时父母泼的是冷水，孩子便失去了努力的动力。

努力虽然未必会成功，它却一定会有意义。努力了，终究会有结果。

> **成长点读**
>
> 父母一定要告诉孩子：成绩不是一切，努力才有未来。一个人努力不努力，过的是截然不同的人生。

标新立异，增强创新能力

一天，珍珍放学回家，很神秘地把妈妈叫到了客厅，说她有一个重大发现。

妈妈笑着问她："你有什么重大发现呢？"

珍珍说："一会儿你就知道了。"

说着，珍珍从厨房里拿出一把小刀和一个苹果。妈妈担心她会被刀划伤，想帮她切开苹果。珍珍拒绝了妈妈的帮助，坚持要自己切。妈妈拗不过，只好作罢。

珍珍拿着刀将苹果横着切开。

妈妈接过刀："苹果不是这样切的，要竖着切。"

珍珍开心地把切成两半的苹果递给妈妈："妈妈，你看这里面有什么？"

妈妈不以为然地说："苹果里面当然有果肉啊。"

"苹果里面有一颗五角星。"珍珍开心地向妈妈展示。

原来，从苹果的横切面看，苹果果核刚好是一个五角星的形状。

妈妈笑着对珍珍说："我吃了这么多年苹果，只知道竖着切，竟忽略了它的里面藏着一颗五角星。"

之后，珍珍逐渐喜欢上了发明创造，总能捣鼓出各种稀奇古怪的小玩意儿。别的家长总是对珍珍妈妈说："小孩子懂什么发明创造，浪费时

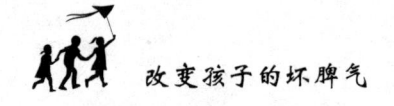

间。"但珍珍妈妈一如既往地支持着珍珍。最近,珍珍在全国小小发明家的比赛中获得了三等奖。

珍珍切苹果的方法的确出人意料,按照成人的思维,切苹果的方法可能总是从苹果顶端切到尾部,而珍珍则是拦腰一切。所以,珍珍发现的是一颗五角星,而我们眼里只有苹果。其实,创造力就是这么简单。

很多时候,当孩子出现标新立异的苗头时,往往会遭到父母的当头一棒。于是,孩子在发了一通脾气后便没有了创新的念头。要知道,创新能力是世界之所以发展到现在的主要动力。

一个孩子将来能否有成就,不在于他脾气好不好,而在于他有没有创新能力。培养孩子的创新能力,家长可以从以下几个方面着手。

多接触新鲜事物,增长知识。创新能力是建立在知识的基础之上的,没有知识,即使智商再高,也不会有创意。所以,平时我们要让孩子多接触新鲜事物,孩子认识的事物越多,想象的空间就越大,灵感和新的想法就会越多。

多角度思考问题,并经常提问。一种方法解决不了问题,可以换另一种方法,总有一条路是通向罗马的。多角度思考问题是培养创新能力的前提,而提问是探索意识的表现。

允许孩子大胆地玩探索性游戏。探索性游戏就是要玩出花样,玩是孩子的天性,会玩的孩子往往更聪明。

成长点读

在日常生活中,我们要有意识地培养孩子的想象能力,想象是创造之母,没有想象能力就没有创新能力。

变厌学、苦学为乐学、善学

小军觉得学习辛苦又无趣,所以很讨厌学习,每次考试成绩都很不理想。所有科目中小军尤其不喜欢语文,每次写作文绞尽脑汁也写不出来。

这天晚上,小军把其他科的作业写完了,就差语文作业没写。语文作业是一篇作文,题目是《最令我难忘的一件事》。眼看着马上就要到睡觉的时间,作文还是一点儿头绪没有,看了看空白的作文本,小军不禁叹了口气。

妈妈见小军迟迟写不完作业,心里也替他着急。忽然,妈妈看到了自己的画笔,便灵机一动,"我可以通过画画的方式给小军的作文一些灵感"。

妈妈把画完的画递给正坐在书桌前愁眉苦脸的小军。看到妈妈画的画,小军忍不住笑出了声。妈妈画的是去年暑假他们一起去海边旅游的场景。因为爸爸太粗心,忘记给小军带遮阳帽,于是便用吃完的西瓜皮给小军做了一顶瓜皮帽……

望着妈妈的画,小军来了灵感,很快写完了作文。第二天,小军的作文还被老师评为了优秀作文。

从那之后,妈妈经常把小军的作文题目画成漫画,小军每次都笑得前仰后合。小军的作文水平越来越高,后来还参加了作文比赛,拿了一等奖。

玩是孩子的天性,孩子喜欢玩、讨厌学习是正常的。孩子又是单纯的,对于有用的东西,他们会接受,而对于他们认为无用的东西,则会拒绝。如果孩子不知道学习的重要性,又怎么会喜欢上学习呢?当然,重要性不是通过父母唠叨出来的,而应该让孩子自己去体会。只要让他认识到了学

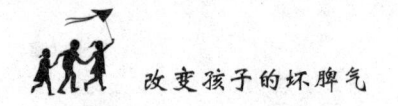

习的重要性，他便能变厌学、苦学为乐学、善学。

俗话说，欲速则不达，培养孩子的学习兴趣也不是一蹴而就的。如果操之过急，往往会强化孩子的厌学情绪。所以，家长们可以通过一些与学习无关的事情让孩子体会到学习的乐趣。例如，可以找一些和学校的课程无关的书与孩子一起阅读，让孩子对阅读有一种全新的感觉。喜欢上了阅读，自然会拉近孩子与学习的距离。

如果有时间，父母可以带孩子去旅行，并且让孩子参与到制订旅行计划当中。为了规划好旅行路线，孩子会去查一些与这些城市有关的地理知识，不知不觉中，孩子便会爱上地理。

如果一家人一起散步，可以绕道去书店看看，让孩子挑一本他喜欢的书，无论哪种类型的都可以，开始孩子可能会挑一本漫画书，时间长了，他便会发现书中有一个奥妙无穷的知识世界。

如果有条件，可以每天晚上抽出十分钟左右的时间，全家人坐在一起学习。当孩子看到全家人都在学习时，他就不会再心存抱怨，更不会有厌学情绪了。同时，他还会体会到和家人在一起的快乐。

喜欢上学习的孩子怎么会因学习而大发脾气呢？

成长点读

在治疗孩子厌学症的时候，可以利用孩子的逆反心理，如把平时高举的"快去学习"的标语改换成"学不学由你"来刺激孩子。